堀内都喜子
Tokiko Horiuchi

フィンランド人は
なぜ午後4時に仕事が終わるのか

JN042844

ポプラ新書
182

はじめに

日本を飛び立って約9時間。眼下に見えてくるのは、緑の森と畑、そしてあちらこちらにたっぷりと水を湛《たた》えた湖。いつ見ても変わらず、ホッとする風景だ。15年ほど前まで週に2便しか飛んでいなかった日本―フィンランド間の直行便も現在は40便を超え、フィンランドがより身近になっている。

便数が増えるのに並行して、フィンランドを旅行や留学で訪れる人が増えた。デザインやムーミン、オーロラ、サウナに惹かれたり、教育や社会福祉に関心を持ったり、そのきっかけは様々だろう。中には、2018年、2019年と幸福度ランキングで世界一になり、幸せな国として紹介されたことで興味がわいた人もいるかもしれない。

初めて私がフィンランドを訪れて惹かれたのは、夏の美しい自然と、ゆったりとバランスのとれた暮らしをする人々だった。この話をすると、いつもフィンランド人には「じゃあ実際住んで冬を経験して、ガッカリしたんじゃない？」とからかわれる。確かに、留学した年の11月、1か月の日照時間がたった3時間というのを経験した時は、あまりの暗さに閉口した。それでも冬は冬の良さがある。たとえ外はマイナス20度を下回っていても、中はTシャツで過ごせるほど暖かく快適だし、キンキンに冷えた日は青空と真っ白な雪景色のコントラストが美しく、ため息が出るほどだ。

当時はEU以外の学生も授業料無料で勉強できたこともあり、中部フィンランドのユヴァスキュラという街に留学した。はじめは2年間だけのつもりだったが、居心地もよく結局5年間暮らすことになった。その間、勉強だけでなく日本語を教えたり、大学や企業でアルバイトをしたり、様々な経験に恵まれた。帰国後もフィンランド系企業で8年、そして6年前からはフィンランド大使館で働きながら、仕事やプライベートを通じて多くのフィンランド人との出会いがあった。そんな経験や出会いを通じて学んだフィンランドのライフスタイルや働き方、そして考え方は私に大きな影響を与えている。

日本とフィンランドは、自然豊かなところや、少しシャイで真面目、謙虚な性格など、共通点も多くある。その一方でワークライフバランスや、休みの意識、組織内の関係性など、大きな違いを感じるところもある。

フィンランドでは、16時を過ぎると、あっという間にオフィスから人がいなくなる。夏になれば、1か月以上の休みをとる。散歩やジョギングで森や湖に行き、夏になれば天然のプールで泳ぐ。上司をファーストネームで呼び、休みや仕事のやり方をオープンに交渉する。在宅勤務も多い。それでいて、社会がそれなりにまわり、キラリと光る企業もあって、イノベーションで世界をリードする国の一つでもある。正直、日本人からすると「どうして?」「そんなことできるの?」と思わずにいられないことばかりだ。

日本は働き方改革が叫ばれ、ワークライフバランスという言葉がここ数年頻繁に使われるようになってきた。まだまだ歩みは遅いが、それでも働き方は変わりつつある。そんな日本が目指す先に、フィンランドがあるのではないだろうか。

二つの国は人口規模も、法律も、制度も違う。ただ、そうした違いはあっても、日々の生活や考え方、身近なことから学べるヒントはないだろうか。他の国を知ることで、何となく日本で「これは当たり前」「こうでなければならない」と感じていたことに、新たな見方が生まれはしないだろうか。

この本は、そんな日々の生活や身近な気づきを皆さんと共有したいという思いから書くことになった。幸福度ランキングで世界一になったからといって、フィンランドは幸せなことばかりではないが、1位という結果を生み出した背景や現状を、仕事や日常という視点から探ってみたい。みなさん、フィンランドの旅へようこそ！

フィンランド人はなぜ午後4時に仕事が終わるのか／目次

第2章　フィンランドの効率のいい働き方　45

第3章　フィンランドの心地いい働き方　85

第4章　フィンランドの上手な休み方　111

第6章　フィンランドの貪欲な学び方　201

第1章

フィンランドはなぜ幸福度1位なのか

2年連続で幸福度1位の理由

「幸福度ランキング世界一はフィンランド！」

２０１８年にフィンランドは、幸福度ランキングで世界一になった。これは、国際幸福デーの3月20日に、国連が毎年発表しているランキングだ。ここ数年、デンマークやノルウェーなど北欧勢がトップをかざり、フィンランドも常に上位にあった。

そういう意味では、フィンランドがいつトップになっても不思議はなかったのだが、海外メディアの中には「冬にマイナス30度にまでなるし、太陽がほとんど出ない時期もある寒くて暗い国がどうして？」「街を歩いている人たちはハッピーそうに見えないけれど？」「自殺が多いんじゃなかった？」「ポーカーフェイスのフィンランド人が？」と驚きの声もたくさんあった。

フィンランド人に聞いてみても「なんでかなあ？」という反応が多い。もともとフィンランド人はどちらかというと自虐《じぎゃく》的で、自慢することも苦手で、褒《ほ》められると居心地が悪いと感じる人も多い。フィンランドの友人たちに「世界一幸福な国、おめでとう」と言っても、「どこが？　そんなんじゃないよ」「ランキングがおかしいのでは？」と返ってくる。

それでも、翌２０１９年に発表された同じランキングでも２年連続１位になったのだから、それがまぐれでもなんでもなかったことが証明されている。ただ今もフィンランドの街でこのランキングの結果について聞けば、きっと「そんなことないよ」と答える人が多いだろう。

けれど、やはり１位という事実にその秘訣を知りたくなるのは世の常だ。私もフィンランド人の同僚たちとその理由はなんだろうかと話した。何人かは「安定」という言葉を挙げた。政治的、経済的に国が安定していて、大きな波に襲われる恐れがない。それに、どんな環境で生まれ育っても、どんな地域に住んでいても、教育や福祉サービスの機会が平等にあって、最低限の生活は保障されている。人生の初めから終わりまで一貫して安定していて、そこから生まれる安心感が幸せにつながる。

また、ある同僚は、「バランス」と答えた。ワークライフバランスがとりやすく、仕事、家庭、趣味、それぞれを楽しむことができる。また、冬が長く厳しい国にもかかわらず、屋内はそれを感じさせないほど暖かく、広くはなくとも狭すぎない、それなりに快適に過ごせる住環境。家で仕事のあとや休日にホッと一息つく時間を持てること。たとえお金持ちでなくとも庭付きの家に住み、その庭に花を植え、子どものために砂場を作ったり、トランポリンを置いたりして子どもたちを楽しませられる。そのすべてをバランスと表現した。

では、1位の理由を知りたがる日本のメディアに、インタビューでフィンランド人の同僚はどう答えたか。彼が挙げたのは「身近な自然」。日本のメディアの人たちは、この答えに少し戸惑ったようである。ポカンという表情をしていた。確かにちょっと理解しにくいかもしれない。でも住んだことのある人には、この理由も納得できるものである。

「ゆとり」に幸せを感じる

日本もフィンランドも面積に占める森林の割合はほぼ同じだ。日本も美しい自然が溢《あふ》れる国である。ただ自然が遠く感じられる。特に東京などの大都市に住んでいると、電車を乗り継いだり、車を長時間運転したりして、やっと森や湖に行きつく。それに距離だけでなく、それを楽しむ時間はなかなか平日にはとりづらい。

一方、フィンランドでは、平日仕事が忙しくともほぼ定時で家に帰ることができ、そこから湖畔や森を散歩する時間もとれる。夏になれば、1か月ある夏休みを自然の中にあるサマーコテージでのんびり過ごすこともできる。「身近な自然」の答えには、地理的なこと以上に、なによりも「ゆとり」の意味が含まれている。

私も、フィンランドの自然とゆとりに幸せを感じている一人だ。フィンランドに行く度《たび》、湖畔に立つ。聞こえてくるのは水がチャプンチャプンと岸をうつ音と鳥の声、そして風に揺れる木々の葉。鴨の親子が泳いでいるのが遠くに見える。思いっきり深呼吸をしてみる。鼻から入った空気が肺を満たし、ハーッと吐く息とともに体の中のモヤモヤが体外に出ていく。そして「ただいま」とつぶやく。

日本に拠点を移して何年もたった今でも、フィンランドで湖畔に立って湖を見渡すたび、「あー帰ってきた」という気分になる。湖は決していつも同じ所ではないし、季節も初夏だったり、真夏だったり、秋だったりする。それでも、湖畔に立って深呼吸をすると、満員電車や雑踏、いつも手から離せない携帯やメールの山、睡眠不足の日々が消えていき、酸素が久しぶりに脳の隅々に行きわたったかのように感じられる。

「幸せ」とはなにか

そもそも幸福度ランキングとはなんだろうか。これは、各国のGDP、社会的支援、健康寿命、人生の選択の自由度、社会的寛容さ、社会の腐敗度といった要素に、国民に今の幸せの評価を聞いた調査、および全項目が最低である架空の国（ディストピア）との比較といったことを元に総合的な幸福度を測っている。

７回目となる２０１９年は世界の１５６か国を対象に調査をした。日本はちなみに２０１８年に54位、２０１９年は58位。トップ10のうち半数は北欧諸国が占めている。

国民の幸福度の評価は主観に頼る部分があるので、それぞれの国の国民性や文化の違いは多少なりとも影響する。ただ先述したようにフィンランド人は自虐的、批判的に自分たちのことを見るので、それでも1位になったということは、他の項目も含めて総合的に指標が高かったということがわかる。

だが、幸せとはなんだろうか。このランキングでは「自分にとって最良の人生から最悪の人生の間を0から10で分けた時、今、自分はどの段階にいると感じるか」という質問を各国の人たちにしている。決して、ハッピーな気分かどうか聞いている訳ではない。それぞれが思う「最良の人生」や「最悪の人生」と比較して、今の人生はどこにあるかということだ。

自分が思い描く最良や最悪の人生というのは、個人や文化、環境によって全く違うだろう。お金を重視する人もいれば、家族、自由度に価値を感じる人もいる。私の同僚のように自然への距離が近く、それを楽しむゆとりを求める人もいる。価値観が何であれ、自分の理想や希望に近い、自分にとって有意義な人生がおくれているかどうかを幸福度として測っている。

だから、フィンランドに住んでいる人たちが「今、とてもハッピーな気分」と感じているかどうかはわからないが、ランキングによれば自分の価値観にあった有意義な人生をおくっている、人生にある程度満足している人が多いということになる。

幸福度ランキングについて分析している様々な記事には、北欧諸国がランキングで上位にあるのは、社会保障が手厚く、質の高い教育をしていること、さらにジェンダーギャップや経済格差の少ない平等な社会が築けていることが理由として挙げられている。ただ、日本だって教育や生活、経済、健康寿命で言えば、それなりに高いはずだ。だが、結果をよく見てみると、日本は人生の選択の自由度（64位）、社会的寛容さ（92位）という部分で順位を下げてしまっている。

自分らしく生きていける国

選択の自由度、これは私がフィンランドに関わって、よく感じていることである。日本もお金があり、適正年齢であれば選択肢はいろいろとある。だが、お金がなかったり、年齢が高かったり、結婚していたり、女性だったりすると、選択肢が狭まったり、窮屈に感じたりすることはないだろうか。フィンランドは選択肢が多くあるというよりも、選択を限定する要素が少ない。

勉強、就職、結婚、出産、転職と様々な人生の場面で、何かを選ぶ必要がでてくるが、本人の事情や希望、ニーズに応える選択肢があり、年齢、性別、家庭の経済状況といったことは、たいした障壁ではない。

それに、選ぶものを一つに絞る必要はなく、好きでやる気があれば、AもBも選択していい。趣味もたくさん持っていいし、文系と理系の分野で学位をとってもいいし、仕事もプライベートも大事にしていい。その時に、年齢や、経済的状況、性別に捉われる必要はない。

皆が自分の考える最良の人生に向かって必要な選択をし、実現していく機会を平等に持っている。もちろん、全ての希望や願いが叶《かな》うわけではないが、うまくいかない時もやり直したり、新たな希望をみつけ、それに近づいていくことができる。自分らしく生きていくことができる国だと私は強く感じている。それが、自分の人生にある程度満足し、有意義な人生をおくることになり、結果、このランキングでいう幸せという回答につながっているのではないだろうか。

一人当たりのGDPは、日本の1・25倍

現在、フィンランドの一人当たりのGDPは約5万ドル（2019年、IMF）で世界16位。日本は約4万ドル（24位）だ。

石油やガスといった天然資源が乏しく、気候的にも厳しいが、国土の7割は森林で、豊かな水を蓄えた湖もたくさんある。従って主要な産業は伝統的に製紙・パルプ・木材といった森林資源を活かしたものだ。他に金属、機械産業、さらに最近は電気・電子機器、情報通信も強みの一つだ。国内の市場規模はわ

ずか人口550万人でそれほど大きくないため、輸出中心にならざるをえない。

かつて90年代の経済危機から復活するきっかけを作り、10年ほど前まで携帯電話で世界に名を轟かせたノキアも、100年以上の歴史を持つフィンランドの会社だ。現在は、携帯事業ではなく、B to Bの通信事業に注力しているため、昔ほど一般的に名を聞くことはなくなったが、いまだにフィンランドを代表する企業の一つであることは変わらない。現在、5G、6Gといった次世代通信技術の開発で、世界におけるノキアの存在感は大きい。

また、日本にもファンの多いアパレルのマリメッコやガラス製品のイッタラ、陶器のアラビア、家具のアルテックなど、フィンランドのデザインブランドは世界でも知られるようになり、経済効果以上に国のイメージ向上や、北欧ブームのけん引役として貢献している。

マクロ経済の安定は世界１位

世界経済フォーラム（WEF）が141か国・地域を対象に「革新力」「労

働市場」など12の指標で調査して比較する国際競争力ランキングによると、2019年、フィンランドは世界で11位（日本は6位）だった。この調査の指標の中で、フィンランドが世界1位だったのは、マクロ経済の安定と制度。特に、マクロ経済の分野では、インフレーションや政府負債残高の項目が高く評価された。

制度においては、治安の良さや報道の自由、法の中立が保たれていること、公的機関の効率の高さなどが評価され、世界1位となった。さらに、技術適応力の高さという指標も、スイスに次いで高くなっている。

逆に、弱点は何か。一つは輸送を含むインフラ整備で、欧州の中でも端にあり、人口密度が低いゆえの問題が指摘されている。さらに、労働市場において、フィンランドの順位はそれほど高くない。意外かもしれないが、フィンランドではオープンに人員を募集していても、実際は知り合いに声をかけて雇用することも多い。賃金制度もあまり柔軟ではなく、頻繁にあがることもない。外国人の人材登用も他の欧州の国と比べると少ない。競争力を高めるには、そういった部分で改善の余地がある。

日本も、硬直的な労働市場や、女性の労働参加が不十分という点で、労働市場の項目は弱点となっているが、長寿を背景に「健康」は世界トップだ。さらに、日本とフィンランドを比較すると、フィンランドが強いマクロ経済は日本が42位、技術適応力は28位で、違いが大きい。

特に日本は「学校教育の長さでは世界屈指なのに、不十分な教育方法で技能の格差を拡大させている」と指摘されている。また、批判的な思考能力の教育においては、フィンランドが1位、デジタルスキルやスタッフトレーニングでも上位に入っている一方で、日本は87位にとどまっている。

インフラや教育が高く評価されている

さらに、スイスのビジネススクールＩＭＤ発表の２０１９年版「世界競争力ランキング」の国際競争力では、フィンランドは15位（日本は30位）だ。このＩＭＤの国際競争力を判断する基準は、経済のパフォーマンス、経済の効率性、ビジネスの効率性、インフラと大きく分けて4つある。

日本の場合、他が良くともビジネスの効率性が若干足を引っ張り、順位を下げていた。フィンランドはインフラや教育、制度などが高く評価された一方で、他に比べて経済のパフォーマンスに課題が残る。経済成長が弱く、雇用や国際投資が前回より改善したとはいえ、トップレベルとは言えない。さらに、燃料の値段が高いことも指摘されている。ただ、これは高い税金によるもので、それは環境面で考えれば一概に悪いこととは言えない。

こういった経済指標でフィンランドが突出しているとは言い難いが、それでも石油やガスなどの天然資源があるわけでもなく、人口規模が小さい中で、かなり健闘していると言えるのではないだろうか。

ヨーロッパのシリコンバレー

そしてここ最近、フィンランド経済を語る上で欠かせないのが、スタートアップの興隆である。ヨーロッパのシリコンバレーと言われるほど、様々な技術とアイデアを融合させたスタートアップがたくさん生まれている。

　世界的に成功する企業も続々と誕生し、環境、医療、教育から衛星事業まで幅広い分野でスタートアップが急成長している。特に、ＩＴを用いて個人がスピーディーかつ簡単に移動できるようにするＭａａＳ（モビリティー・アズ・ア・サービス）の分野では先進的な企業が生まれ、日本企業からも大きな注目を浴びているし、ゲーム産業でもRovio《ロビオ》やSupercell《スーパーセル》のように世界で大人気のゲームメーカーがフィンランド発で、さらにＶＲやＡＲといったxRの研究開発も盛んだ。

　かつて若者は、ノキアや大きな製紙メーカー、機械メーカーで働くことを目標としていたが、今は起業に可能性を見出している人も少なくない。政府機関も起業家支援や産学連携支援を積極的に行っている。さらに、北欧のバランスのとれたライフスタイルに、高いレベルの教育、確かな技術を持ったエンジニアが揃い、様々な支援も身近にあるとして、スタートアップやイノベーションに適した国という称号が、ブルームバーグなど様々な国際ランキングやメディアで使用されている。

ロックフェスのようなスタートアップの祭典

そんな盛り上がりを示す一例が、Slush《スラッシュ》と呼ばれる、ヨーロッパ最大規模のスタートアップの祭典だ。スラッシュは英語でぬかるみを意味するが、毎年11月、フィンランドが最も暗く、天候的に魅力のない時期にこのイベントは開かれる。

もともとは、起業に対してもっとポジティブな社会や文化を育てることを目指したムーブメントで、起業家と投資家を結びつけるため2008年にヘルシンキで第1回目が開催された。その時集まった参加者は300人。それが10年後には世界130か国以上から約2万人が集まるものへと成長している。

イベントには誰でも参加できるが、スタートアップ起業家、投資家、そしてジャーナリストが主だ。メインステージでは名だたる世界経済界のキーパーソンや起業家がスピーチをし、サブステージではスタートアップが投資家を前にピッチングと呼ばれるビジネスアイデアの発表をする。

さらに様々な企業や自治体、関連機関のブースがあったり、あらゆるところで人々が交流する姿が見られたり、外の天気とは裏腹に会場の中はとにかく熱い。しかも、堅苦しい従来のビジネスイベントの雰囲気は皆無で、ロックフェスティバルに来たかと錯覚してしまうほどだ。

そして何よりもこのイベントがユニークなのは、運営が学生中心に行われていることだ。何百人もの大学生たちが自主的に参加して企画、準備、当日の運営など全てをカバーする。はじめはなんとなく軽い気持ちでボランティアとして参加した学生が、成功した起業家を間近で見て、スタートアップ文化に触れ、「かっこいい！　クール！」と感化されることも少なくないようだ。

それは各国の投資家や起業家も同じで、現在、ヘルシンキだけでなく、東京、上海、シンガポール、ニューヨークといった都市でも同じコンセプトのイベントが開催されている（東京は2019年を最後に名称を変更）。

「良い国ランキング」でも1位

今さらではあるが、そもそも皆さんはフィンランドのことをどの程度知っているだろうか。フィンランドはヨーロッパ北部に位置し、東のロシア、西のスウェーデンに挟まれている。面積では日本と大きく変わりはないが、人口ではほぼ北海道と同じ550万人の小さな国だ。

ヨーロッパの中でもイギリスやフランスなど存在感のある国に比べれば、まだまだ知名度が低い。北欧デザインが好きな人や、教育に興味のある人にとっては多少馴染みがあるかもしれないが、なんとなく北欧の福祉国家、ムーミンの国というぐらいで、まだまだよくわからない国だろう。

そんな小さな国ではあるが、実は、フィンランドは幸福度や経済以外でも様々な指標で世界のトップに入っている。例えば、イギリス人の政策アドバイザーであるサイモン・アンホルト氏が創設した「良い国ランキング」でも、フィンランドが1位になっている。この良い国というのは、「人類に貢献している国」のこと。科学技術、文化、国際平和と安全、世界秩序、地球環境と気候、繁栄と平等、健康と福祉の大きく分けて7つの基準で測る。フィンランドは、報道の自由や移動の自由、さらに環境への負荷の少なさや特許数、そして平等などが高く評価された。

さらに、安定した国、大学が良い国、女の子にとっていい国、子どもにとって公平な国、政治やビジネスにおいて透明性の高い国、腐敗度の低い国、報道の自由度が高い国、イノベーション度が高い国、水がきれい、空気がきれいなどなど、フィンランドがトップにあるランキングは数多くある。

また、フィンランドというと、多くの人が思い浮かべるのが教育。かつてOECDの学力調査で1位をとったこともあり、フィンランドの教育は世界一と思っている人もいる。現在は、世界1位ではなく、日本や他のアジア諸国のほうがフィンランドよりも順位は高い。しかし世界トップクラスにはあり、幼児教育から高等、成人教育までフィンランドの教育の注目度は相変わらず高い。

世界で2番目に格差が少ない

他にもフィンランドを語る上で幸福度とも関係のある世界の指標に、貧困率がある。OECDの2018年のレポートによると、フィンランドの子どもの貧困率は3・7パーセントでデンマークに次いで2番目に低い。日本は34位で15・8パーセント。

2016年にユニセフが発表した子どものいる家族の相対的所得ギャップの小さい順ランキングでは、ノルウェー、アイスランドに次いで、フィンランドが3位。つまり子どもがいる家庭の所得にそれほど大きな差がないということになる。

そして同調査で教育、所得、生活満足度、健康の格差の平均順位をとっていくとフィンランドはデンマークに次いで2番目に格差が少ない。

また、特徴的なのがひとり親の状況だ。フィンランドでも他の家庭より貧困率は高くなるが、それでも、日本では貧困率が50パーセントを超える一方で、フィンランドは15パーセントに満たない。性別ごとに見ても、多くの国では女性の貧困率が男性を大きく上回るのに対して、フィンランドはデンマークと共に唯一、男性のほうが若干、貧困率が高い。

フィンランドもはじめから順調ではなかった

だが、こういったランキング結果を100年前のフィンランド人が知ったら、きっと驚くに違いない。

フィンランドは約100年前まではスウェーデンとロシアに支配され、ほとんどの人が小規模な農業や森林業に従事する、ヨーロッパの中でもかなり貧しい国の一つであった。

1917年12月6日、フィンランドはロシア帝国から独立を宣言する。その後内戦の混乱を経て国づくりに邁進《まいしん》するが、1939年にはソ連との冬戦争、さらに1941年には継続戦争、最終的には第二次世界大戦の敗戦国になった。

フィンランドは北欧の中では唯一、直に戦火にあっている。戦時中には多くの男性、さらには一部女性も兵隊として前線に赴き、子どもたちはスウェーデンに疎開した。東部国境付近に住んでいた人たちは、他の地に引っ越さなければならず、敗戦後はソ連への多額の賠償金が残った。

しかしその後、1952年にはヘルシンキで夏のオリンピックを開催するほどに復興し、福祉国家としての社会制度を整えつつ、経済成長を続けた。1973年にはヨーロッパ共同体と自由貿易協定を締結。

だが1991年に日本のバブル崩壊のように、経済の低迷を迎え、大量の失業者をだす事態となった。しかし、そこからも様々な対策を講じて徐々に復活。1995年にEUに加盟し、現在に至る。つまり、フィンランドははじめから順調な道を歩んできたのではなく、多くの困難に直面しながらも、克服し、成長してきている。

バランスのとれた生活

小国でありながら、経済を維持、成長しつつ、様々な指標で上位に入るフィンランド。けれど、行ってみたり住んでみたりすると、あくせくした感じや、ガツガツした感じが少なく、そこにはどことなくゆとりを感じさせる暮らしがある。むしろ、夏の時期などに行くと、のんびりと夏休みを楽しんでいる人たちばかりで、本当にこの国が教育やスタートアップで注目される国なのかと疑問に感じるほどだ。

私が初めてフィンランドに行ったのも夏の季節だった。北欧の一国といった程度の知識で、たいして期待も抱かずこの国を訪れた。友人とブルーベリーを摘み、コテージでサウナに入って海で泳ぎ、白夜を満喫した。どこでも英語が通じ、英語どころか何か国語も操る人たちがたくさんいて、生活のレベルも高く、困ることもない。

夜遅くまで働いたり休みも返上したりの「一生懸命感」や疲労感が常に漂っている日本での生活とは全く違う空気に「どうしてこんなゆとりがあるの？」とクエスチョンマークで頭がいっぱいになった。

フィンランドに暮らすとわかるが、フィンランド人も仕事や勉強に忙しく、家事に趣味にとやることはたくさんある。それでも「人間らしい生活ができる」

と、フィンランドに住んだことのある日本の友人たちが表現する通り、全体的にバランスがとれている。

休みを犠牲にして超人的に頑張るわけでなく、休みも睡眠時間もきっちりとり、プライベートや趣味も充実させる。ワークライフバランスがととのっているのだ。

フィンランドでは、夏にほとんどの有給休暇をまとめてとり、1か月はしっかり休む。有給消化率はほぼ100パーセントだ。省庁で働いていても、教師であっても、医療に従事していても、どんな仕事であれ、有給はきっちりとる。子どもたちは、それ以上に休みが長く、6月から8月中旬までの2か月半。その間宿題はほとんどない。

残業はほとんどしない

さらに普段も、定時にオフィスをでて、ほとんど残業はしない。2017年ILOの世界労働時間調査によると、各国の全就業者の週平均労働時間（パートタイムを含む）は、フィンランドが週36時間で、日本は週39時間。数値的にはそんなに大きく変わらないが、ここにはパートタイムの人の労働時間も含む。日本の場合は、パートタイムで働く人の割合が高いので、長時間働く人の時間数が相殺され、統計で見る労働時間の全体平均はそれほど多くない。だが、ほとんどの正規の社員は、残業も含めると実際これ以上の時間を働いているのではないだろうか。フィンランドは子育て中の親も、男性も女性も、パートではなくフルタイムで働くことが多いので、数値と実情に大きな差はない。

さらに、長時間労働を見ると、二つの国の違いが大きく見えてくる。週49時間以上の長時間労働をしている人の割合は、日本では20パーセント以上、男性だけで見れば3割近くになるが、フィンランドでは8パーセントに過ぎず、他のヨーロッパの国と比較しても少ない（データブック国際労働比較２０１８）。もし、やむを得ない事情で残業をした場合は、その分の時間をまとめて休暇としてとることが多いので、有給と残業分を足して、夏休みを6週間とった、なんて話も珍しくない。

日本人からすると、定時で帰りながら夏休みをきっちりとって、先進国として経済を維持することは本当に可能なのかと、不思議に思う人も多いかもしれない。でも、本当にフィンランドでは実現できている。

フィンランドもパラダイスではないけれど

ここまでフィンランドの良さをアピールすると、なんだかいいことばかり並べていてうさんくさいと思う人もいるだろう。「フィンランドは北欧の高福祉高負担で、制度も人口も日本とは全然違う国、参考にするほうが間違っている」というのは、よく聞く声である。

でも、果たして全く参考にならないものだろうか。もちろんフィンランドにも課題はたくさんあり、パラダイスではない。日本のほうが優れているところもたくさんある。私もフィンランドに住んでいた時は、「あーどうしてフィンランドはこうなんだろう、日本だったら……」と感じることもあったし、今拠点を日本にしているのは、日本が好きだからだ。

それでも、フィンランドから学べることはたくさんあるし、日本もこうなったらいいのに……と思うことが多くあるのも事実なのだ。それは、特にワークライフバランスや「ゆとり」の部分にある。

日本の友人たちが子育てと仕事の両立に悩み、男女の役割分担でストレスを感じている姿や、プライベートがほとんどなく長時間労働で身も心もすり減らしている姿を見ていると、「他の国ではこういう働き方があるんだよ」「もっとバランスをとって人間らしい生活を望んでもいいんだよ」と伝えたくなる。

今、日本には働き方改革や、女性活躍といった転換期がきている。ならば、完璧でなくともその方向でリードするフィンランドの様子を覗くのも、悪いことではないのではないだろうか。

第2章 フィンランドの効率のいい働き方

16時を過ぎると、みんな帰っていく

外国人から見てフィンランドの仕事文化で一番いいことは何かと問われれば、多くの人が「ワークライフバランス！」と答えるだろう。

第1章でも述べたように、フィンランド人は長時間の残業をほとんどせず、休みもきっちりとる。就業時間内はしっかり働くが、それと同じぐらい休みも大切にするし、全ての人にそれが徹底されている。フィンランド人はどんな風に働いているのだろうか。

フィンランドでは、8時から働き始める人が多く、16時を過ぎるころから一人、また一人と帰っていき、16時半を過ぎるともうほとんど人はいなくなる。金曜の夕方ともなればなおさらだ。それは不思議なほど、どこの業界でも徹底されている。かつて留学していた大学も、16時過ぎになるとフィンランド人研究者や教授はほとんどいなくなってしまい、残っているのはたいがい外国人か、夕方の授業を担当する講師のみだった。

以前、フィンランド系の企業で働いていた時も、日本のお客様が15時、16時

にミーティングをしようとすると、フィンランド人はあまりいい顔をしなかった。帰る時間が近いからだ。逆に、朝早い8時や9時は大歓迎なのである。

最近は、仕事の開始時間や終了時間を柔軟に決められるフレックスタイムを採用している企業が多い。もちろん業種によって多少事情は違い、シフト制の仕事だと時間厳守は避けられない。だが、通常のオフィス勤務であれば、状況に応じて出社時間や退社時間を決めることができる。

冬至のころは太陽がほとんどのぼらないが、4月も過ぎると6時に朝日がのぼり、夜8時まで外は明るい。すると、早めに仕事に来て、15時ごろには家に帰るという人も増える。通勤時間が長くかかる人や子どもを送ってから来るという人の中には、遅めに来る人もいる。ただ、どちらかというと早く来て、早く終わらせて、家族や趣味に時間を費やしたいという人が多いように感じる。就業時間やコアタイムと言われる必ずいなければならない時間をきちんと守っていれば、文句を言う人はいない。

この徹底ぶりは、企業レベルの努力というより、国や社会全体の常識と言ったほうがいいだろう。非常にシンプルに、決まりは決まり、休むことも社会人の権利で、人間誰しもそれが必要という認識がきっちり共有されている。法律で決められている1日8時間、週40時間以内の勤務時間は守られるべきで、よっぽどの理由がない限り、残業はしてはならないし、雇用主もさせてはいけない。それは、官公庁でも、大企業でも、中小企業でも同じで、雇用経済省のデータによると、多くの業界では平均的な勤務時間は40時間よりも短く、週37・5時間だそうだ。

それは、医師も例外ではない。地域のヘルスセンターで働く医師の就労時間は週38時間と15分。ある外科医からは、こんなエピソードを聞いたことがある。前の手術がおして、自分が執刀する予定だった手術の時間が後ろにずれこんでしまい、このままでは定時で帰ることは無理になってしまった。すると「執刀医をあなたから、次のシフトの医師に替えるから、普通に帰っていいよ」と言われたそうだ。手術の内容によってはそうできないこともあるのだろうが、極力、決まった勤務時間を守ろうという文化がよくわかる。

さらに3歳未満の子どもがいたり、子どもが小学校に上がる時など、法律で決められているよりも柔軟に時短勤務を認めている企業も多い。だからといって、やらなければならない仕事の量が大きく減るわけではないので負担は増すが、家庭や仕事の両立がしやすくもなっている。

残業しないのが、できる人の証拠

だが、何かの事情でどうしても残業が必要な場合がある。その時は、事前に上司の許可をとったり、上司がそれを望む場合は、本人の意思を事前に確認したりする必要がある。残業はお金もしくは休暇で補償されるが、どちらも企業にとってみれば損失になる。会社の損失を少なくする上でも、休日出勤や残業は極力避ける方向にある。

そして、仕事を終えて、また次に仕事に行くまでに11時間のインターバル（仕事をしない時間）を設けることや、週に1度は35時間の休憩をとることも法律で決められている。

だが、一部の人がまだ仕事をしているのに15時や16時に会社を出るのは後ろめたくはないだろうか。フィンランド人は「人は人、自分は自分。既定の時間数を働いたら帰るのは当然」と考えていて、誰かの顔色をうかがう様子は見られない。どちらかといえば「私もそんな風に定時で帰りたい」と思っている人も多い。

フィンランドの友人が「大変な仕事を簡単そうにやっていたり、効率よくこなしサーッと帰るのが格好よく、できる大人の証拠」と言っていたが、まさにそういう効率のいい人が求められている。

在宅勤務は3割

フィンランドでは、週に1度以上、在宅勤務をしている人は3割になる。職場が遠いために自宅で仕事をしている人もいれば、職場が近くともまだ小さな子どもの送り迎えの時間を考えて、週に1、2度自宅で働いている場合もある。

私の友人の一人は、結婚を機に数百キロ離れた地域に引っ越すことになったが、会社も本人も仕事の継続を望んだため、在宅に切り替えた。今は、パソコンと電話があれば、ほとんどの仕事は問題なくできる。社内の会議にもインターネット電話で参加している。

もう一人の男性の友人は、週に一度だけ自宅で仕事をしている。彼は、頻繁にレポートなど文章を書く必要があるため、家の静かな環境で集中してやりたくて上司に提案した。さらに、まだ小さい子どもが小学校から帰宅した時に、家で迎えたいと願ったことも在宅を選んだ理由の一つである。オフィスで働くことは、同僚に気軽に相談したり、コミュニケーションをとって刺激を得たりする意味ではとても重要だが、週に一度は一人になれる今のペースがとてもいいのだそうだ。

在宅勤務というと、勤務時間の管理ができないので難しいという声を日本で聞いたことがあるが、フィンランドでは逆にそれを管理するツールを聞いたことがない。やらなければいけない仕事は山ほどあるし、自宅にいたらサボるとは、あまり考えていないようである。

今のような就労時間や場所に柔軟性が生まれたのは、１９９６年に施行された就労時間に関する法律の影響が大きい。この法律は２０２０年１月にさらに改正され、働く時間や場所が今まで以上に自由になる。就労時間の半分は、働く時間も場所も、従業員と雇用主が相談して自由に決定することができるようになるのだ。

それによって、皆が一斉に会社に来て、一斉に帰るというよりも、一人ひとりが自分のライフスタイルにあった働き方を見つけ、多様な働き方が可能になる。「仕事＝会社で行う」という図式は崩れ、その人のライフスタイルにあった形で、最も生産性が高くなる場所と時間に行うというように変わっていっている。

先日も、フィンランドの友人がこんな話をしてきた。「この前、美容院に行く時間がなくて、仕事の時間中に行ってきたのよ。だって今は美容院の中にいても、メールは読めるし、書けるし、調べものもできるでしょ。電話で話すことだってできるんだし。仕事の時間として認めてもらったわ。もし認めてもらえなかったら、仕事のモチベーションがダダ下がりだし、信頼されてないのかって思うわよね」と。

フィンランドを良く知っている私でも、驚かされるスピードで働き方がより柔軟に変わっていると感じさせられる。

さらに、人材を確保する意味でも、こういった柔軟な働き方の制度は求められている。場所を問わず遠隔での作業も可能になれば、田舎にある会社でも優秀な人材を全国から集めてくることができるし、柔軟な働き方を認める企業は社内外の評判も高まる。

オフィスでもフリーアドレスで自由に

柔軟な働き方は、時間や場所だけでない。オフィス内でも、最近はフリーアドレスのスタイルを導入する企業が増えている。フリーアドレスとは、社員がそれぞれ自分の席を持たず自由に席を選択できるスタイルだ。

もともとフィンランドでは多くの企業で、個室もしくは2名で部屋をシェアするタイプのオフィスが多い。個室がない場合は、個人のスペースを広く取り、高いパーテーションで区切って雑音を抑えてプライバシーを確保している。

ただ、個室の場合は相談が気軽にできなくなるとか、オフィスにいるのかいないのかがわかりづらい、といった弊害もある。それを解消する意味でも、通常は個室の扉を少し、もしくは全開にしておく習慣がある。開いていれば、声をかけてもいいということにもなるし、中に人がいるサインでもある。逆に扉が閉まっていれば、邪魔をされたくない、もしくは、そこにいないという意味になる。

そんなオフィスのスタイルも最近、変化し続けている。新しくオフィスを改装する際に、個室ではなく広い空間を共有するオープンオフィス、そしてフリーアドレスを選択することが多くなったのだ。といってもただオフィスに机が並んでいるわけではない。従来のオープン型と違い、オープンオフィスと個室の特長を併せ持ったハイブリッドタイプのオフィスだ。

パーテーションで区切られた机が並んでいるエリアもあれば、片隅で少人数の相談がしやすいように、音を遮る「かまくら」のような空間があったり、電話で話していても周りに迷惑にならない電話ボックスのようなものがあったりする。

もちろんビデオ会議ができる会議室も近くにあるし、集中したい人がこもれるスペースがあったり、リラックスした雰囲気を好む人のためにソファーなどがあるエリア、立って仕事ができるようハイテーブルも一角に置かれている。その日のスケジュールや気分に合わせて、それぞれ自分の好きな席が選べるのだ。そして個人的な荷物は、部屋の隅のロッカーに置いておくことができる。

静かにマイペースに仕事をする

フィンランドでこういったフリーアドレスのオフィスを何度か訪問したことがあるが、オープンなスペースにそれなりの人数がいるのだが、とても静かで思い思いの場所でマイペースに仕事をしている姿が印象的だった。

フリーアドレスには、他部署の人に自然に近づけたり、情報共有やコミュニケーションがとりやすくなったりというメリットがある。そういった交流からあらたな刺激を得たり、アイデアが生まれたり、組織の壁がなくなることもある。さらに、自分の席を持たないことで、紙や物のストックが減り、省スペースにもなるし、きれいにその場所を使うようになってオフィスの美化にもつながる。

ただ、時間がたつと、固定の場所で仕事をしがちだったり、チームがバラバラになることで、従来のマネージメント方式が通用しなくなる恐れもある。それに皆でスペースを共有する以上、ある程度のルールは必要となる。

個室からハイブリッドのオープンスペースにオフィスが変わった友人は、最初は抵抗感があったようだが「慣れると使いやすい」と語る。周りの別の友人たちも、やってみると意外に良かったというのが主な反応だ。

立って仕事をする人も多い

さらに、オフィスの形状だけでなく、働きやすく効率を高める努力は家具にも見られる。最近の流行は、電動で高さを上下できる机だ。これは、長時間座って仕事をすることが健康に悪いという研究結果から生まれたもので、立って仕事をすることができる。腰の負担を減らし、効率を上げるためにも、最近は立ってパソコンに向かい、仕事をする人を見ることが多くなった。立って仕事をしたほうが集中力も高まるという人もいる。

私自身、こういった机を使って仕事をしているが、腰や肩への負担を考えれば立ったほうがいいというのは頭でわかっているし、できるだけそうするように努力はしている。ただ、何か考えながら文章を書いたりするときは、ついつい座っているほうが楽な気がしてしまい、気づいたら今日は一度も立って仕事をしていなかったな、なんて思うこともしょっちゅうだ。

一方でいつも立って仕事をしている同僚もいる。慣れてしまえば座るのが面倒になったりするようだ。また、座ってパソコンに向かう場合も、できるだけ肩こりや腰痛に配慮して、人間工学に基づいたハイスペックな椅子を導入しているオフィスが多い。

エクササイズ休憩もある

現代の仕事においてパソコンに向かっている時間は長い。しかも時間内にできるだけ多くの仕事をこなそうとすると、その分、ずっと同じ姿勢で、根を詰めすぎてしまうこともある。

フィンランドでも休憩時間をいかに効果的にとるかが考えられてきた。その一つの例が、「タウコユンパ」。タウコは休憩、ユンパはエクササイズの意味である。

タウコユンパで思い出すのは、私が留学していた2000年代初頭の大学内での光景だ。午後2時ごろになると、研究室の廊下をスポーツインストラクターが「ピーッ」と笛を吹いて回る。するとそれぞれの個室から人がでてきて廊下の踊り場に集まり、インストラクターの声に合わせてストレッチや軽い運動が始まるのだ。時間にして5分もかかってなかったと思う。終わるとまたそれぞれのオフィスに戻っていく。

一般の企業や省庁でもこの習慣はある。友人の企業ではピラテスのインストラクターの資格を持っている社員が音頭をとって、毎日10分、簡単なエクササイズをしている。大使館では、週に一度、スティックエクササイズと呼び、ポールを使ってストレッチをする。プロや外部のインストラクターがいるわけではないので、自主的に声をかけたり、誰かがボランティアで号令をかけて動きを指示したりする。

こういったエクササイズは決して強制的なものではなく、タイミングが合わなければ参加しなくともいいし、気分が乗らなければやらなくともいい。だがたった5分でも、いい気分転換になるし、何よりも凝り固まった体がほぐれるのは気持ちがいい。

フィンランドの労働衛生研究所が２０１９年４月に発表した職場でのエクササイズアプリの実証実験によると、職場で２～３分のエクササイズを、１日３回アプリを通して半年間体験してもらったところ、明らかに座りっぱなしの時間の減少につながった。

そして仕事の疲れからの回復促進、体の緊張や痛みの緩和、エネルギーの増進、疲労や物忘れの緩和といった効果を生んだ。さらに生産性もあがったことで組織にとっては経済効果もあり、参加者にとっては皆で一緒にエクササイズに取り組むことで、一体感も高まったそうだ。

コーヒー休憩は法律で決まっている

タウコユンパ以外にも、フィンランドにはカハヴィタウコ＝コーヒー休憩という文化がある。実は、フィンランド人の一人当たりのコーヒー消費量は世界トップクラスで、一日に数杯飲むことも珍しくない。エスプレッソやカフェラテといった凝ったコーヒーは伝統的にないが、一日に何度かシンプルな浅煎りコーヒーを楽しむ。その際にコーヒーと共にシナモンロールやケーキ、サンドイッチなど、おやつを一緒に味わうこともある。

ある日、フィンランドの友人と仕事の話をしていた時、効率アップのカギとして真っ先にあげたのがコーヒー休憩だった。「職場でのコーヒー休憩は本当に大切だと思うの。なんてったって法律でも決められているぐらいでしょ。脳にも時に休みが必要。いい息抜きになって、休憩の後は仕事に精力的に向き合える」と話していた。

確かに、コーヒー休憩の時間をとることは、雇用者が労働者に対して保障しなければならない法律上の決まりである。業界によって頻度や長さは違うが、10〜15分のコーヒー休憩が勤務時間に含まれる。例えばトラック運転手は8時間の勤務時間中、2回のコーヒー休憩が可能だ。製紙業界では、10分の休憩を1日2回取ることになっている。

さらに、バスの運転手でも、大学職員でも、公務員でもオフィスワーカーでも、こういったコーヒー休憩の決まりが仕事の契約に含まれる。もちろん、これも強制的なものではなく、各自が好きな時にとってもいいし、仕事をしながら常に何か飲んでいるから、必要ないと言う人もいる。

コーヒー休憩はコミュニケーションの場でもある

逆に、職場によってはある程度、コーヒー休憩のタイミングを決めているところもある。マグカップを持ちながら同僚とリラックスした雰囲気の中で仕事の相談や、プライベートの話などをすることで、お互いのことがわかるようになったり、新たなアイデアを生むきっかけにもなったりするからだ。

私の職場でも、みんなの発案で、週に一度はコーヒー休憩を一緒にとるようにしている。といっても、全員が来るわけではないので人数は多くないが、他部署の人の仕事について話を聞いたり、フィンランドと日本の文化の違いを語ったりすることで、会議ほど堅苦しくなく、良い情報共有の場となっている。

つまり、コーヒー休憩は、作業の手をとめて休みをとるという意味でも重要だが、それと共に、社内のコミュニケーションの場としても役立っている。そんなコーヒー休憩は、ますます重要度が増しているようだ。ある友人は「私が働く会社は、コーヒー代を以前は持ってくれなかったけれど、最近はカバーしてくれるようになったのよ。しかも最近オフィスに自動のドリンクマシンが設置されて、いろいろなコーヒーや、ココアやお茶も選べるように。もちろん無料でね」と言っていた。

別の友人も、「最近、職場で嬉しかったのはコーヒールームの改装。もっとくつろげるようにと、ソファを置き、絵を飾り、植物を置いたりして、本当にいい雰囲気なんです」と言う。

いかに快適な空間を作るか

フィンランドにはコーヒールームと呼ばれる休憩室や、休憩コーナーを設けているところも多い。殺風景な椅子とドリンクマシンというよりも、最近はリビングルームのようなくつろげる空間が人気だ。学校の職員室も、コーヒールームに近い作りになっている。書類や作業机はなく、コーヒーの香りが漂い、ゆったりした気分で同僚と話ができるようになっている。

在宅勤務やフレックスが増えた今日ではあるが、やはり直接顔を合わせてコミュニケーションをとる重要性も見直されている。会うからこそわかることや、生まれる化学反応もある。そこで、いかに快適で、来たくなるようなオフィスやコーヒールームにするかというのも、考えられるようになってきた。そのための改造には、社員の声も多く取り入れられていて、みんなが望む空間づくりに組織や企業も努力している。

ちなみに、コーヒー休憩は大切にされているフィンランドだが、お昼は伝統的にそれほどではない。業界にもよるが、もともと30分程度のところが多く、ササッと食べて仕事に戻ることが多い。とはいっても、全く楽しみにしていないわけではなく、大きい会社であればビュッフェ式の食堂がついていて、そこで一息つくことを楽しみにしているし、近くにレストランなどがあれば、たまに外食することもあり、その場合は企業側がクーポンを出してくれるところもある。日本のような弁当文化はないが、家からサンドイッチや残り物を持って来て食べている人もいる。

だが、最近は定時に帰るためにも、お昼は簡単に済ませるか、ほとんど取らずに仕事に集中する人がいるのも事実である。私の友人は「お昼にあまり食べると、眠くなったりだるくなったりして、午後の効率が下がるから」という理由で、コーヒー休憩時にちょっとしたパンを口にしたり、ヨーグルトを食べるぐらいで済ませている。

社員が交流するレクリエーションデイ

黙々と定時で仕事を終え、まっすぐ家に帰る日々。飲みニケーションの機会が少ないフィンランドの仕事文化はドライに聞こえるかもしれないが、意外にもかつての日本でよく見られていたような、社員同士の交流の機会がある。それが、レクリエーションデイと呼ばれる日だ。

この日は勤務日ではあるものの、職場で通常の業務をするのではなく、皆でどこかへでかける。いわゆる社員旅行のようなものだ。中には泊りがけで行く場合もあるが、できるだけ大勢が参加でき、プライベートの時間を邪魔しない配慮から、日帰り遠足のような形が多い。

友人の勤める会社でも、今年の春、郊外のリゾートホテルでレクリエーションデイを行ったそうだ。最初はオフィシャルに会社に関するプレゼンを聞き、午後は自然の中をガイドと共に散策。そしてサウナ、早めの夕食、解散。とてもリラックスできたし、裸のつきあいもして同僚との距離がより近くなった気がすると話していた。

他に、観光名所に一緒にでかけたり、コンサートや観劇、スポーツ観戦をしたり、時にはワークショップやチームビルディングのようなアクティビティをしたりする。そしてほぼ定時に解散。

開催される頻度やどこまで費用がカバーされるかは組織によって違うが、大使館（外務省）の場合は、原則年に1度、日帰りで、費用は組織がカバーできる範囲内でおさまるよう計画する。その計画作りも有志が集まって行われる。

駐日フィンランド大使館ではこれまで、午前にそば打ち体験をして、午後にボウリング大会をしたり、博物館と太鼓教室に行ったりした時もあった。ハイキングと鎌倉散策をした年もある。準備も含め、普段あまり話す機会のない同僚と話したり、同僚の新たな一面を知ることができたりして毎回いい思い出になる。

時には外で話し合う

レクリエーションデイと近いが、最近耳にするものに、リトリートがある。もともとリトリートというのは、宗教と結びついていて、忙しい日常や混沌とした状況を改善するために、瞑想《めいそう》や静寂の時間を設けたり、オープンな話し合いをしたりすることを指す。

現代におけるリトリートは、大概、ランチと数時間の話し合いがセットになったもので、長期的視野に立って職場環境の改善や、仕事の効率向上など課題を議論する。しかも、社内のいつもの会議室ではなく、環境を変えて気分あらたに、どこか社外で開催することが多い。

リトリートという言葉を使わずとも、こういったやり方は、多くの組織に導入されている。私がこれまでに参加したものも、外部の眺めのいい会議室で美《お》味《い》しいランチをいただき、その後、組織の課題がトップから出され、小グループに分かれて課題に対する対応策を話し合い、最後に全体でそれを発表してまとめるというものだった。普段のオフィスから出ることで、メールや電話から解放され、気分も変わるし話し合いに集中しやすくなる。

その時の課題は、内部のコミュニケーションや情報共有を促進するにはどうしたらいいか、どうすればもっと魅力的な職場になるのか、効率をあげるために求められる設備やテクノロジーはあるか、などなど。

トピックスは職場で定期的にある満足度調査やマネージメントの評価調査、個人の目標設定の話し合いなどを経て見えてきたものだったり、新たにその場でみんなに聞いて出てきた課題のこともある。

様々な部署や立場の人たちと同じグループで話し合いをすることで、課題に対する新たな視点が生まれたり、「やっぱりみんなそう思うよね」といった悩みの共有や共感が生まれたりする。そこで話し合って改善策が提案されても、すぐに課題が解決されるわけでもないし、実現しないこともあるが、オープンに話ができるのは刺激になるし、上層部に頼ったり、任せるのではなく自分も組織の一員として主体的に考えられるようになる。

ある友人の会社は2年に一度、社員の心身の健康調査が行われ、その結果を踏まえてどんな福利厚生や活動、環境改善が必要なのかを社員が話し合って、自らが提案していくのだそうだ。

最大限の能力が発揮できるように

このようなレクリエーションデイやリトリート（名称はなんであれ）は、仕事の能力や、やる気を維持、改善するための活動と考えられている。仕事の技能を高める研修とは別物で、もっと幅広い視点から捉え、心身の状態やチームスピリットを向上させ、仕事と組織の力を高める。

それがうまくいけば、社員たちは持っている力をより発揮しやすくなり、効率が高まる。一方でいくら能力のある人でも組織力や環境、やる気などが整っていなければ、全体の仕事力は落ちてしまう。しかもこういった仕事や組織力を高める努力は継続的に行われなければならない。

仕事力を高める活動は法律でも決められているものなので、雇用主、人事、各社員が協力して計画、実現される。とは言っても、法律はその活動の内容までは決めてないし、実施したかどうかの確認まではない。だが、その活動やプログラムの幅は非常に広い。休憩時間のエクササイズや、一緒にランチを食べることもこの活動の一環と捉えられている。

かつて私がアルバイトした企業では、健康的な朝食を会社が月に一度提供し、それを経営陣のプレゼンを聞きながらみんなで食べるといったことをしていた。月に一度、マッサージ師が来て一人15分、勤務時間内にマッサージを受けることができるなんてこともあったが、それも大きく見れば、この仕事力向上の活動に入る。つまり最大限の能力が発揮できるよう、気持ちの良い環境を作り、組織を改善していくことのすべてが大切にされている。

サウナで会議をすることも

会議を社内の会議室以外で行うことは、社内改善の話し合いに限らずある。特に新たなアイデアや創造力を必要とする時に、いつもと環境を変えてメールや電話から解き放たれて、カフェやレストラン、誰かの家などリラックスした雰囲気の場所が好まれる。中には、サウナの中（もちろんずっと入っているわけではない）で行われた例も聞いたことがある。机の前のかしこまった会議だけが、全てではない。

また、かつて労働環境改善のミーティングでも、場所を変えたり、ケーキなどの差し入れを持ってきて話をしたことがある。どうしてもオープンに話しにくかったり、普段おつきあいのない相手とだと、話が弾みにくかったり、緊張してしまうことがある。それを差し入れや雰囲気を変えることで、リラックスして話せるようになった。

フィンランドでも日本と同じく大小様々な会議が日常的にあり、それが仕事の効率を左右することも変わらない。長く、生産性の悪い会議は苦痛でしかないし、その時間に他のことができたのに……とモチベーションの低下ももたらす。

「良い会議」のための8つのルール

5年ほど前に、フィンランドの有名企業13社が参加する「良い会議のためキャンペーン」というのがあった。そこが提案するルールは、以下の8つだ。

会議の前に…

1 会議の前に本当に必要な会議なのか、開催の是非を検討する。

2 もし必要なら、会議のタイプと、相応しい場所を考える。

3 出席者を絞る。

4 適切な準備をする。細かな準備が必要な時もあれば、そうでない時もある。議長は、参加者に事前に通知し、必要に応じて責任を割り当てる。

会議のはじめに…

5 会議のはじめに目標を確認。会議が終わった時にどんな結果が生まれるべきか。

6　会議の終了時間と議題、プロセスの確認。それがアイデア、ディスカッション、意思決定、コミュニケーションのどれであるかを参加者に知らせる。

会議中に‥

7　会議の議論と決定に全員を巻き込む。一部が支配するのではなく、各自の多様性（外向的／内向的）を考慮に入れる。少人数、隣同士との議論を通して意見を表明する機会なども作る。

会議の終わりに‥

8　結果や、その役割分担をリストアップし明白にする。

さらに、出席者も進行役も時間を厳守すること、議論しやすい雰囲気をつくること、時にはオフィスの会議室以外で会議をしてみる、会議に集中するために携帯やタブレットの電源をオフにする、コーヒーだけでなくフルーツなどのおやつが話し合いを活性化させることもある、などのヒントも書かれている。

いずれも、シンプルなことばかりで、日本でも当たり前のようにされていることもある。だが、多くのフィンランド人が日本の会議で文化の違いを感じるのは、日本ではなかなか本題に進まず、決定が行われないこと。もう一つが、会議中でも目を閉じている人が時々いることだ。フィンランド人からすると、会議は議論をして、最後に何かしら決定や結果を求める場所で、自己紹介や資料を読みあげる場所ではないのである。

このように正論を述べてみたが、フィンランド人がいつも効率よく充実した会議をしているわけではない。話が脱線しがちだったり、ただ長いだけで何の結果も生まれなかったりした会議も数多くある。

これまでの経験から、会議は1時間で終わらせる！ といった終わりの時間をきっちりと皆に認識させてから始めた会議はスムーズだったし、あとは進行役がいかに仕切れるかにもかかっていると感じている。

必ずしも会うことを重要視しない

さらに、日本とフィンランドの違いを感じるのは、日本人は関係作りを重視して、まず一回目は顔合わせ、その後何度も顔を合わせての報告を希望することが多いが、フィンランド人からすると挨拶《あいさつ》だけの面談はいらないし、報告も基本メールか電話にしてほしいと考える点だ。

もちろん会ったからこそ発展することもあるし、顔を合わせる重要性はフィンランド人も知っている。ただ、会うと30分〜1時間は時間がとられてしまう。効率を考えると、たいした用件や議題もないのに、はたして会う意味があるのだろうかと感じてしまうのだ。だからこそ必ずしも会うことに必要性は感じないし、一度会ったら、その後はメールや電話でいいです、ということになる。

一方で、私がフィンランド人の会議や面談に立ち会って、少し残念に思うこともある。それはフィンランド人が、あまりスモールトークが得意ではなく、あっさりと挨拶と用件だけで終わりにしてしまうことだ。フィンランド人のスモールトークのなさは、よく海外から指摘されることだ。

しかも、用件が済むと「今日はありがとう。じゃあ！」と部屋から出てってしまう。用件が済んでいればまだいいが、話の途中で時間だからと席を立ってしまうこともある。

日本的には世間話をしたり、お客様を玄関までお見送りして……と考えるところではあるが、そういったことは、フィンランド人はあまりしない。もちろんフィンランド人でも個人差があるが、あまりにあっさりとしていて「あれっ」と思ったり、相手が失礼に思っていないかなとビクビクしてしまうこともある。その差はたとえるならば、バターケーキとカロリーゼロのゼリーほどの違いだ。

だが、冷静になって考えてみると、打ち合わせや面談が長引くことなく、サラッと終わるのは確かに効率がいい。「もう終わり？　帰っちゃうの？」とフィンランド人の行動に驚かされる度、話が長引きやすい自分の行動を反省すると共に、少し見習おうと思うのである。

フィンランドの仕事文化に欠かせないウェルビーイング

フィンランドの仕事の文化を語る上で、欠かせないキーワードは「ウェルビーイング」（well-being）だ。フィンランド人はウェルビーイングという言葉をよく使い、重視する。ウェルビーイングとは、身体的、精神的、社会的に良好な状態にあることを意味する概念だ。

幸福という言葉で説明されることもあるが、うれしい、楽しいといった心理状態というより、ウェルビーイングは、心身共に健やかな状態にいることを指す。仕事に限らず、学校生活のウェルビーイング、日常のウェルビーイングなど様々なところで使われる言葉だが、職場のウェルビーイングと言えば「心身の健康的な状態」をベースに、従業員のモチベーション、人間関係、会社へのいい意味での忠誠心、コミットメントの向上にもつながる言葉として使われている。

あるフィンランドの友人と仕事の効率の話をしていた時も「ウェルビーイングは効率の大きなカギだと思うんです。早めに心身の問題に気づくことはもちろん、実際体調を崩す前に、予防的に行われる支援も大切です。しかも、それは会社だけの責任じゃなくて、社員自身も考えるべきこと。それによって、従業員の病欠や退職が防げるし、能力の低下も予防できます」と自然と話はウェルビーイングのことになった。

これまで紹介した、休みをきちんととること、フレックスタイムなどの柔軟な働き方、オフィス環境の改善、休憩のとり方、それはすべて社員や職場のウェルビーイングにつながる。会社は利益を生み出す必要があるが、従業員一人ひとりが心身共に健康的な状態であることが、会社組織としてもプラスに働く。

人件費が高く、休みや残業なしを考慮しなければならないフィンランドでは、従来以上に、生産性の向上、業務の効率化を求められるようになっている。しかも、移り変わりの激しい現代では、新しいモノゴトを生み出していくことが必要で、イノベーション、創造性や革新性が求められる。それには社員や職場のウェルビーイングが充実していることが必須で、それがあるからこそ仕事に集中し、新たなアイデアもわいてくる。

効率を徹底的に追求する

さらに、ウェルビーイングと共に、企業や組織が追求するのは、効率だ。人口が少ないフィンランドでは男女共に働き、少ない人数で決まった時間内に最大限の結果を生むことが求められる。しかも、それを支えるためにも、家庭では女性だけでなく男性も家事や育児を積極的に担《にな》わなければならない。つまり、性別にかかわらず、長時間労働は極力避け、無駄を省《はぶ》き、効率をあげなければならない。

フィンランドはこの効率を徹底的に追求していると感じる。ただ就業時間を短くしただけでは、効率があがらないことは確かだ。ＩＴを積極的に取り入れ、無駄な書類やプロセスを省いて、単刀直入に進めていく。これまでのやり方やしがらみはドライに切り捨て、より効率的にも費用的にも良いと思ったことを導入する。

例えば、介護の現場でデジタル機器やネット通信を多用して、遠隔介護や記録の電子化を可能にし、介護に従事している人たちの負担を減らしている。保育や教育の現場でも手書きの連絡帳の代わりにネットで保護者とのコミュニケーションがとれるようにしている。

オフィスワークでも書類は極力オンラインで入力する方式をとったり、電子化する。次の章で述べるが、部下を信頼し、裁量を与えたり、組織をよりフラットにすることで、一つのことを決定するのにぐるぐると組織の中でたらい回しにならないようにしている。

ただ、いくら効率を高めても、決まった時間内でたくさんの仕事の全てをこなすことは、残念ながら難しい。常に優先順位を考え、重要度や緊急性の高いものからこなしていく必要がある。そのぶん、優先度が低いとみなされてしまうと、物事が進まなかったり、メールの問い合わせに返信がこなかったりということもある。

フィンランドとやりとりするうえで、こちらの要望に100パーセント答えてくれる期待はあまりしないほうがいい。そういう場合は、電話をかけたり、再度問い合わせたり、様々な方法で重要度を訴える必要がある。

とはいえ、枕詞のように「これにすぐ答えてほしい」「これは重要な案件だから」と常に相手に言っていると、オオカミ少年の話のように受け流されてしまうこともあり、このさじ加減はなかなか難しい。

日本とフィンランドの進め方の違い

さらに、日本とフィンランドの効率をめぐる仕事の進め方で違いを感じるのは、日本のプロジェクトでは細かな部分を詰めて計画をきっちり立ててから進める傾向があるが、フィンランドは逆で大枠から考えて、徐々に細かいところを詰めていく。だからあまりきっちりとした計画は立てず、その時その時に計画を修正していく。

日本はある程度固まるとその後はスムーズにいきやすいが、柔軟性に欠ける場合はある。フィンランドのやり方だと、すぐに着手し、トライ&エラーを繰り返しながら進めていく感じだ。どちらが効率がいいのか。私の周りの人たちの意見では、日本人は日本のほうが正確かつ確実でいいと考え、フィンランド人はフィンランドのほうが早くていいと感じている。

また、完成度への感覚も少し違う。日本は締め切りを過ぎてしまっても完璧に仕上げたいと考え、フィンランドは合格ラインを超えていれば完璧でなくともよい、つまりグッド・イナフで締め切りに間に合わせる。そして可能性があれば少しそこから調整していく感じだ。こういった文化の違いはあるものの、ドライに効率を追求するフィンランドのやり方を学んでみるのもいいかもしれない。

ウェルビーイングと効率はリンクしている

ウェルビーイングを維持、もしくは高めつつ効率もアップさせるというのは、それほど簡単ではない。どちらかがおろそかになってもいけない。ただ決してこの二つが相反するものでもなければ、どちらかが先にくるわけでもない。いつも夏休みの後には、リフレッシュしたフィンランド人が、ものすごい集中力で仕事をこなしていくのを目の当たりにしている。その度に、ウェルビーイングと効率がリンクしていると感じる。

そしてデジタル化でコミュニケーションのしやすさと、スピードがアップして、そこにかかっていた手間や時間を省き、ウェルビーイングが向上した事例もある。だからこそウェルビーイングと効率を改善すべく、フィンランドでは社内での話し合いも積極的に持たれている。

第3章 フィンランドの心地いい働き方

肩書は関係ない

フィンランドの仕事の文化で、どんなところが一番好き？　と周りに聞いた時、ワークライフバランスと共に挙げられたのが、「職場での平等でオープンな関係性」だった。組織にはそれぞれマネージャー、経理、エンジニア、アシスタントなど、様々な肩書や役割分担がある。

だが、ある友人曰く「そういった違いが自動的にその人の価値の評価につながるわけではない。それよりも何をしたのかという事実や結果、どのぐらいスキルや知識を発揮したのか、倫理的にやったのか、周りとの協力はどうだったか。しかも、上司だけでなく、周りにいる人の目にはどう映っているのか。それがその人の価値を作っていくんです。同時に、経営陣は従業員の話に耳を傾けているし、従業員は自分たちの環境や仕事に影響を与えることができる。部下から見て改善点があれば、上司にフィードバックしたり、批判したりすることも難しくはありません」とのことだ。

1000人超の従業員のいるフィンランド企業で働く友人も、「私と社長の間には何段ものステップがあるのは事実だけれど、それほど階級的なものは感じられない。何か嫌なことや、改善点があれば、上司や社長にだって直接言える」と言う。

オープンでフラットな組織

フィンランドの企業や組織は、非常にオープンで、フラットで上下関係があまりない。それは、効率や、企業文化にも影響を与えている。もともとフィンランドの社会自体が、オープンでフラットなのだが、会社も同じで、上司であっても何か言いたいことがあればオープンに、そして直接相談ができる。

通常、組織のピラミッドの高さが高くなるほど、階層が増え、物事を決めるのに時間がかかるが、フィンランドの場合は階層をできるだけ作らず、それぞれを信頼して裁量権を与え、上司は細かく管理はしない。また、一人ひとりの業務内容がしっかりと細かく明確化されていることで、自分の責任範囲がはっきりしている。それによって、決定までにぐるぐると時間をかけていろんな人に伺いをたてる必要もない。

さらに言語においても日本のような複雑な敬語の構造は持たない。敬語はあることはあるのだが、あまり多く使われず、同年代でも上司と話す時でも言語的に大きな違いはない。上司をファーストネームで呼んでも構わない。それは気楽ではあるが、日本人からすると逆に戸惑ってしまうことも多い。社長にこんな風にファーストネームで呼びかけていいのだろうか、入って間もないのに敬語を使わずに意見を述べてもいいのだろうか、など。

そもそも先生や教授もファーストネームだし、市長や政治家だって変に畏《かしこ》まった言い方よりも、ファーストネームで気さくに、単刀直入に話しかけられることを好む人たちなのだ。逆に、どういった時に敬語を使っていいのかよくわからなくなる。接客業ではさすがにお客様に敬語を使ったりして、失礼のないようにするが、へりくだる必要はなく、どちらかというと友人、パートナーのような感覚だ。

そういった文化的・言語的背景もあって、フィンランドの組織は、高いピラミッドをつくるよりも、社長や所長といったトップリーダーの下に他の人たちが横並びでいるような、1〜3段の階段の中に納まっているイメージだ。

できるだけメールのCCに入れない

ただ、フィンランドでも、マネージメントスタイルには個人差がある。全てを把握したいというマネージャータイプもいて、そういう場合はメールに自分をCCで入れてほしいとか、やたらと会議も多い。

だが私の知る限り、部下を信じ任せて、自分はできるだけCCに入れないでほしいという上司も多い。何か悩みや迷うことがあったら、直接相談にきてくれていいけれど、全てに伺いをたてる必要はなく、極力自分で考えて決めてほしいと言う。私の直属の上司はそのタイプで「メールが読み切れなくなってしまうから、極力CCに入れないで。口頭で相談や、進捗を報告してくればいいから」と言う。

どちらのスタイルをとるにしろ、役職についていないスタッフであっても、組織のトップに声をかけて、話をしてもいい。むしろトップのほうから何かあったらいつでも声をかけてほしいという人が多い。それは相手がインターンであっても同じだ。

フィンランドの多くの企業や組織では、インターンを一定期間受け入れて一緒に働くが、インターンが会議で意見を言ったとしても、トップリーダーに話しかけたとしても、それは失礼には当たらない。むしろその積極性が高く評価される。それだけ組織の中は風通しがよく、上下関係はとてもリラックスしている。ただし、話を聞くのと、聞き入れるのとは違う。必ずしも意見が受け入れられるわけではない。

また日本では、ある人と知り合いたい、連絡をとりたいという時、段階を踏んで人に仲介を頼んで近づくことが多い。現在の職場でも「フィンランドのこの組織の○○さんに連絡をとりたいので、仲介してください」という依頼は絶えない。だが、私たちの答えは、「連絡先がわかっているのなら、どうぞ直接連絡をとってください」だ。仲介が全く意味のないこととは思わないが、直接連絡をとったほうが早いし、先方も時間がある限りはそういったことを嫌がらず、丁寧に対応してくれる。

年齢や性別も関係ない

組織のリラックスした上下関係は、肩書だけでなく勤務年数や年齢、学歴、性別にも左右されない。そもそも流動的な労働市場で、転職も日本よりはるかに多いフィンランドの職場では勤続わずか数年でも長いほうに入る場合がある。長く働けば働くほど休日の日数などは多くなるメリットはあるが、日本のような年功序列はないし、実力や成果が重視される。

だから20代でも管理職に抜擢されることがあるし、入社してすぐに責任のある立場にたつこともある。20代で管理職として50代の部下を持っているとか、20代で銀行の支店長をやっているなどの話を初めて聞いた時は驚いたものだが、フィンランド社会を長く見ている今は、何の驚きもない。

現在50代で、20代のリーダーの下で働いている知人のエンジニアに聞けば、

「僕は現場でエンジニアとして働きたいのであって、書類を作ったり会議に出たり、部下の管理なんてしたいと思わない。上司が自分の息子ぐらいでも嫌だと思わないし、可愛いよ。若くたって僕たちが支えていくさ」と返ってきた。

さらに、最近は女性が責任のある立場につことも増えてきた。共働きが普通で、女性のほうが学歴が高く、学校の成績も優秀なフィンランドでは、就業率も女性のほうが高い。もはや「女性初」というニュースはほとんど聞かれないし、政治の上でも女性の大統領や首相がすでに誕生している。現内閣でも女性の閣僚のほうが多く、党首も女性の数のほうが多くなった。

公的機関では管理職やトップにつく女性の数は男性とほぼ変わらないところまできているが、一般企業では取締役や管理職につく女性の数はまだまだ半数にほど遠い。

特にエンジニアリング会社や伝統的に男性が多い分野ではまだまだ女性の数は少ないし、プログラミングなどでも女性はまだ3割だ。男女による産業・職業の偏《かたよ》りや、企業のトップに女性が平均的に少ないこと、さらに平均賃金格差を減らすことはフィンランドのこれからの課題でもある。

ちなみにこの平均賃金格差というのは、同じ仕事をした場合に男女で格差があるという意味ではなく、男性はより給料の高い産業や地位にたっていることが多い一方、女性はそれよりも賃金が低い産業や、契約・時短勤務を一時期することが多いため、平均給与に差が出てしまう。

だが、サービス業など分野によっては女性が圧倒的に多い職場もあり、経営陣がすべて女性ということもある。まだ完全に男女共同参画が成し遂げられているのではないが、女性という性別は昇進の障壁にはならなくなっている。

相手を信頼して任せてみる

このように、フィンランドでは男性でも女性でも性別にこだわらず、年齢が若くとも、勤続年数が少なくとも、とにかく相手を信頼して任せてみるという風潮がある。最初はあまりうまくいかなくとも、ダメな時はサポートする。そこに「女性だから」とか、「若いから」、「まだ入ったばかりだから」といった雰囲気や「期待しない感」や「下に見ている感」は微塵もない。私自身も、フィンランド人の管理職やリーダー職についている人と話していて、相手が真摯に技術的なことや、経営のことを、私にわかりやすく話してくれることが、日本ではあまり体験しないことなので、いつも不思議でしょうがなかった。

フィンランドの大学でアルバイトした時も、知り合って間もない私に、上司のフィンランド人の教授は大きな学会の司会と進行チェックをまかせてきた。ある意味無茶ぶりで驚いたが、同時にやってみようと前向きに感じたことも事実だ。そんな風に相手を信頼するフィンランドのマネージメントはとても心地がいいし、任されたほうは期待に応えようと気合も入る。

こういった上下関係を作らない風潮は政治でも感じられる。変革を求めてフレッシュな30代の女性政治家を党首に選んだり、大臣職に20代、30代のやる気溢れ、考え方も柔軟な若手政治家を選んだりしている。

本人の意思を大切に

フィンランドでは採用時に、総合職といったざっくりしたカテゴリーはなく、業務がはっきりとした職種別採用が多い。採用時には勤務地や条件、規則も明確にしているため、本人の意思や希望に関係なく異動させることはない。もちろん新たなポジションや内容を上司が提案することはあっても、決して命令ではない。本人の意思も大切にされる。

また、社内公募も多い。大きな会社や組織だと、ポジションに空きが出ることがわかると、内部に通知がでて社内公募が始まる。海外のポジションも社内公募で応募することも多い。フィンランド外務省もこの方式を採っているため、任期が終わりに近づくと、帰国するか他の国に行くか、何のポジションにつくか、内部の空席リストを見て応募する必要がある。大使という職務であってもそれは同じで、応募者の中から最適な人が選ばれる。

ただ、応募しても必ずしも選ばれるわけではないので、複数のポジションに応募することも必要だ。タイミングによってはあまり選択肢がない場合もある。

多くのポジションは約3年の任期なので、まるで、3年ごとに就職活動をしているようだ。離任の時期が近づいていても、なかなか次が決まらなくて心配そうにしている同僚を見る度、どんな制度もメリットとデメリットがあるのだと感じさせられる。

ボスがいない働き方

フィンランドはピラミッド方式よりもフラットを好むと話したが、最近は究極の、強い意思決定権を持つボスがいない企業というのも生まれている。

フィンランドを代表するゲーム会社Supercell《スーパーセル》、新しいＩＴ企業Reaktor《リアクター》、Futurice《フトゥリセ》、Vincit《ヴィンシット》、Fraktio《フラクティオ》といった企業はフィンランドのみならず、ヨーロッパでもよい職場リストの上位に入っている。これらの企業の特長は自主性を大切にしていることだ。

例えば、ゲーム企業として世界的にも有名なSupercellは、リーダーや管理職はいるが、組織自体はピラミッドではなくチーム制をとっていることで有名だ。最終的な意思決定は数名から十数名で構成されるチームがそれぞれ行っているという。チームの意思が何よりも尊重され、経営者や管理職の役目はそれを下から支えることだ。

ボスがいない職場はどんな感じだろうか。まず、承認をとったり誰かに決めてもらったりする必要がないため、仕事の流れがスムーズだ。ニュース記事によると、2012年に創立された企業Fraktioは、ネットサービスを提供している会社だが、30名いる従業員に上司はいない。カスタマー向けのプロジェクトにも、プロジェクトリーダーは指名しない。決定や成功は、チーム全体にかかっている。

会社の設立者は、「自分の望む形の職場ができている。私も、自分が仕事をする上で、自分でものごとが決められることに感謝していたし、もし何かうまくいかなかったとしたら、それは自分の責任になる」と語る。

だがはたして、それは他の企業にも適用できるのだろうか。ITの新興企業にこういったタイプが多いが、必ずしもITだけではないのだそうだ。他の企業でも、上司に言われてやるとか、誰か一人のためだけに仕事をするのではなく、お互いのために仕事をしたいということで、ボスをつくらない組織にしているところはある。

ただ、課題があることも事実だ。というのも、みんなが同じ熱量で仕事をしているわけではないし、情報をどこまでシェアすべきか、何か問題が起きたらどうすべきかなど、ボスのいない組織でうまくやっていくには、いろいろなルールや慣れが必要なようだ。今後こういった組織を持った企業がどう成長していくのか注目だ。

歓送迎会もコーヒーで

組織が大きくなってしまうと、上司と社員、そして社員同士のコミュニケーションをとるのは難しくなりがちだが、それでも伝統的にフィンランドの組織は一人ひとりを大切にしていると感じる時がある。それは歓迎会やお別れ会、誕生日といった行事を大切にしつつも、プライベートの時間を犠牲にさせない点だ。

コーヒー文化が強く、仕事とプライベートの境界線をきっちりとさせるフィンランドでは、社員の歓迎会やお別れ会も勤務時間内にコーヒーとケーキである。特にインターンが研修を終える最終日や、同僚が退職する時には、「お別れコーヒー」と言って、会議室やコーヒールームにケーキと飲み物が用意される。代表者によるスピーチがあり、寄せ書きやプレゼントを渡して思い思いに語り合う。時間にして30分程度で、忙しい人は少し寄るぐらいしかできないが職場内で開催されるので、夜にプライベートの時間をとられることもない。

私の職場の場合、インターンは長くて半年、短い時は3か月で帰国するが、どんなに短くても一緒に働いた仲間として、メッセージを寄せ書きしたカードと記念品を渡し、コーヒーを飲みながら語らう。

他にも新人の歓迎会や、60歳の誕生日を祝う会、子どもが生まれたことを祝うなど、様々な理由でコーヒーの会が開かれることがある。どの程度開催するかは職場やそこで働く人たち、上司の考え方にもよる。その費用は有志から集めるのか、それとも経営陣のポケットマネーか、はたまた会社のお金かもケースバイケースだ。また、時によってはコーヒーだけでなくシャンパンなどのアルコールが出ることもある。

逆に、仕事を終えた後にみんなで飲みに行くというのは、ほとんどない。社員それぞれ、定時以降はいろいろな予定や家族との時間があって、それを邪魔することはあまり良いと思われていない。もちろん気心が知れた同士で仕事の終わりに外食したり、都合を調整して飲みに行ったりすることもあるが、かなり稀である。内部のコミュニケーションを活性化させたいのであれば、休憩時間に話をしたり、ランチを共に食べたりするなど、勤務時間内にできるだけ済ませるのがフィンランド流だ。

ちなみに、フィンランドではコーヒーは外部のお客様が来た時にも効果的に使われる。大事なお客様が会議などに来た時は、コーヒー・紅茶の両方を用意し、どちらかを選べるようにしている。さらに、ケーキやサンドイッチなどの軽食が用意されることも多い。そんなちょっとした心遣いが、会議にリラックスした雰囲気をもたらし、文字通りリフレッシュになるのだ。

職場で開かれる唯一の飲み会

そんなフィンランドでも唯一、例外的に職場で開催される飲み会がある。それが「ピックヨウル＝小さなクリスマス」と呼ばれるクリスマス会だ。日本の忘年会のようなもので、11月中旬〜12月にかけて開催され、多くの人が楽しみにしている。

おしゃれをしてクリスマスフードを食べ、お酒を飲み、ゲームやダンスをして、この時ばかりは「無礼講」な雰囲気がある。ピックヨウルは夜開催されることが多いが、プライベートの時間を邪魔しないよう、ランチや16時ごろから開催するなど工夫しているところもある。

実際、私の職場では幼い子どもを持つ職員も多いので、16時ごろから子どもやパートナー同伴で参加し、家族同士の交流もはかっている。このクリスマスパーティーは日本の忘年会と同じく、職場だけで開催するものではなく、友人同士、趣味の仲間、学校、アパート内などでも開かれ、クリスマス前は飲み会で忙しくなる。

他にも、フィンランドで5月1日はメーデーの日でもあり、ヴァップと呼ばれる春の訪れを祝うお祭りのような祝日でもあるのだが、これを祝う職場も多い。その日が近づくと友人の会社では、ヴァップならではのお菓子やドーナツ、そしてシマと呼ばれる飲み物が振る舞われるそうだ。ヴァップのお菓子というのは、パスタを揚げたようなパリッとした生地に砂糖をたっぷりまぶしたもので、この時期にしか食べられない。さらにドーナツは、見た目は普通だが生地にカルダモンが入っている。シマは、水、ブラウンシュガー、イースト、レモン汁、レーズンを混ぜて発酵させた飲み物で、これを飲まないとヴァップの気分が出ないと言われるほど、この時期に欠かせない飲み物だ。

また、フィンランドでは社内にサウナがあることも多いが、仕事終わりにそのサウナの中で話したり、交流するのも社内コミュニケーションの一つである。サウナの中では皆が平等。肩書も洋服も全て取り払って本音を語り合う。上下関係に厳しい軍隊であっても、サウナの中だけは、通常の挨拶を上官にする必要はないそうだ。

さらに外部のお客様を招いてサウナで交流することもある。サウナには一気に人と人の関係を縮めてしまう魔法が秘められている。サウナについては、次の章でもう少し紹介したい。

接待は夜とは限らない

情報交換やお礼の意味での接待は、夜や週末だけとは限らない。フィンランドでも特に海外からや大切なお客様が来た時など、夜の会食や週末に誘うことはある。ただ、最近はランチミーティングや、朝食を共にするブレックファーストミーティングも非常に盛んだ。

夜だと、どうしても先方も自分もプライベートや家族の時間が犠牲になってしまい、スケジュールの調整が難しかったり、後ろめたい気持ちが残ってしまったりすることもある。だったら、ランチや朝食といったほうが、お互い気兼ねなく声がかけられる。たとえ短い時間でも、顔を合わせて単刀直入に話をすることで、より充実したミーティングや関係作りができたりもする。

以前、日本である記者が夜、取材対象に呼び出されて食事を共にして、セクハラを受けたという世間をにぎわした出来事があった。日本の報道関係の友人に聞くと、お互いもちつもたれつの関係があるので、貴重な情報や面白いネタが得られると思えば、たとえ夜中でも取材対象と会うという話をしていた。

同じく新聞記者や雑誌記者をしているフィンランドの友人たちに聞いてみると、「確かにスクープや独占ネタは興味があるが、就業時間以外に自分のプライベートの時間を犠牲にしてまで、でかけようと思わない。趣味に、家庭に忙しいのだからそんな暇はない」という答えが返ってきた。仕事は仕事、プライベートはプライベートときっちり線を引くところが、フィンランドらしい。

それでもハラスメントは存在する

就業時間以外のプライベートの時間が尊重され、上下関係もリラックスしているフィンランドではあるが、残念ながらセクハラ、パワハラが全くないとは言えない。MeToo キャンペーンがあった時、実に多くの人たちがセクハラやパワハラ体験を語り始めた。

もともと権利意識が強く、労働組合も強いため、泣き寝入りせず、公に訴える人たちは日本より多いと感じる。私の友人も、かつて大学生の時に夏の研修時にパワハラを受け、労働組合に訴えて相手に注意をしてもらったことがある。それに、転職が盛んなフィンランドでは我慢してその組織にい続ける必要もない。それでも、これまで目をつぶってきた経験や、密かにこれってハラスメントではないかと疑問に思っていたことが、MeToo で次から次へと表面化してきた。

そんな経緯があり、今はどこの組織も神経質なほど、ハラスメント撲滅のため様々な研修や内部告発制度を強化している。私も職場でハラスメントに関する動画を視聴、毎年様々な角度からのハラスメントに関するアンケートへの回答を求められている。MeToo によってある意味、フィンランドにだって様々なハラスメントが存在し、それは意外にも身近なところにもあり、自分の行為がそれに当てはまってしまうこともあると、皆が自覚させられたのではないだろうか。

それを象徴するような出来事を先日経験した。フィンランド人の男性の同僚が「髪形変えた？　素敵だね」と言ってきた。私は好意的にそれを受けとめてお礼を言ったのだが、彼はこう続けた。「良かった、誤解されなくて。こういうのは1年以上お互いを知っていて、同年代だから言えるけれど、インターンやかなり年下のあまり知らない女性に対しては言えないよ。セクハラと捉えられる可能性があるから」。

それは考えすぎなのではと私は思ったが、「確かに」とフィンランド人の同僚たちが反応していたのだ。敏感になっている今日では、褒め言葉であっても相手を不快にさせるリスクをはらんでいて、安易に言葉にできないのだと感じた。

父親の8割が育休をとる

ただ、日本で以前話題になったマタハラに関して言えば、フィンランドではあまり聞くことはない。産休・育休は法律で認められた権利である。子どもが3歳になるまで育休は認められているため、長ければ休みが3年に及ぶこともあるが、休む人に代わって他の人を代理で雇うため、周りにしわ寄せが生じづらい。

代理で雇われた人にとっては、自分の実力をアピールするチャンスだ。失業率が日本より高く、新卒採用システムのないフィンランドでは、この1～3年の期間限定の雇用は、フルタイムへの第一歩となり、いい経験になる。企業にとってみても新たな人材を試せる機会にもなる。

代理をたてるシステムは、国会議員にも当てはまる。2019年夏からアンニカ・サーリッコ科学文化大臣が1年間の産休・育休に入った。その間は、同じ党の他の議員が大臣職を代理で務めることになっている。ちなみにこのサーリッコ議員は以前にも、育休中に大臣職をオファーされたが、育休を延長するために、大臣への就任を待ってもらった過去を持つ。

母親の産休・育休は何の問題がなくとも、長期の育児休暇をとろうとする父親に対しては、ハラスメントが少し存在することもあるようだ。現在8割の父親が育児休暇をとっているが、いずれも3週間から2か月と母親に比べるとそれほど長くない。この場合は特に代理の人を雇うことはしないが、取得する時期や期間は半年ほど前から周りに伝えられるので、仕事の調整はしやすく、周りもサポートしやすい。最近ではとることが当たり前になっているので、逆にとらないと人間性が疑われるほどだ。

ただ、2か月を超える育児休暇となると、「それは素晴らしい!」と好意的な上司がいる一方で、まだまだ理解が得られにくいこともあると言われている。代理の人を雇うのか、それとも周りのサポートで乗り切れるのか、判断に悩むところでもある。とはいえ、現政権は男性がより柔軟に長期の育児休暇をとれるよう、制度を改正していく意思を表明しているし、育児における父親と母親の役割の差はどんどんなくなっていく傾向にあるので、パタハラもまもなく過去のものになるかもしれない。

第4章 フィンランドの上手な休み方

仕事は好きだけど、それ以外の時間も大切に

どうしてフィンランド人は平日、4時や5時に家に帰るのか。答えはとてもシンプルだ。「仕事は好きだし、責任感を持って仕事をきちんとしたいが、就業時間内で終わらせて、それ以外の時間も大切にしたい」。

では、それ以外の時間に何をしているのか。家事をするのはもちろんだが、趣味を楽しんだり、スポーツに励んだり、友達に会ったり、生涯学習に通って勉強したり、人それぞれに好きなことや自分の時間を持つことを大切している。

フィンランドを公式に紹介するメディア「this is FINLAND」に掲載された自由時間の過ごし方ランキングには、読書、散歩、自然の中での運動、クロスワードパズルや数独、コテージ、自習、庭仕事といった項目が並んでいる。

ウェルビーイングのためにも余暇にスポーツをする人の割合は非常に高い。散歩や、ポールを持って歩くノルディックウォーキングや軽いジョギングをはじめ、好きな球技を仲間と楽しんだりもする。統計によると、フィンランド人が平日にスポーツをしている時間は世界でもトップクラスだという。それも、

定時で帰れる時間のゆとりと、身近に散歩やジョギングに適した自然がたくさんあるからだ。

会社が趣味やスポーツを支援する

会社も、福利厚生の一環として、仕事以外の活動や趣味を支援している。例えば、多くの企業にはスポーツ・文化チケットというのがあり、従業員の趣味や文化活動の費用をカバーしている。

ある友人は柔道クラブに通っているが、企業から毎年出る一人当たり1・5万円のチケットを年会費や活動費にあてている。もう一人の友人の会社は、年間3万円を支給。そのお金を受講料にあて、大学の公開講座に通っている。他にもジムの会員費や語学講座、映画やコンサートのチケット購入にあててもいい。

フィンランドの各自治体にはたいがい、語学や音楽、教養、文化、手芸など多彩な内容の講座を取り揃えた生涯学習の学校がある。週1回4か月の講座でも、費用は５０００円以下と非常に安く、幅広い年齢層の人たちが通っている。

私がフィンランドに住んでいた当時、こういった学校で日本語を教えていたが、18時や19時に始まる講座には、小学生から高齢者まで老若男女たくさんの人たちが集まった。こういった格安の生涯学習のチャンスがあることも、プライベートの充実に役立っている。

他に、従業員の多い職場では、スポーツや趣味の同好会があるところもある。ある友人は、バドミントンクラブに入っていて、同じ職場の人たちと週1でプレーしている。彼女は手芸クラブにも入っていて、月に1～2度集まって編み物や縫い物をし、さらに不定期に開催される体験クラブでは、エアヨガや、ボルダリング、アクロバットなど、珍しいスポーツを体験しているそうだ。その他にも美容や健康について講習を受けるレディースクラブと写真クラブに入っていて、年に数回参加している。いずれも企業が活動費の多くを出してくれているので、自己の負担分はそれほどないとのことだ。

企業にとってみれば、ウェルビーイング向上のために、こういった支援は大切だろう。仕事の時は仕事をして、就業時間が終わればリラックスしてきっちり休んだり、体を動かしたり、趣味を楽しむことで、また翌日へのエネルギーが養われる。企業のクラブ活動にはもちろん、社員同士の交流というメリットもある。

父親も母親も定時に帰る

また、子どもがいる場合は、定時で急いで帰らなければならない事情がある。保育園に預けている場合は、夕方までに迎えにいかなければならない。子どもが小学生、中学生の場合でも、学校に部活はなく、スポーツは地域のスポーツクラブに、音楽など習い事は街の教室に通う必要がある。しかも、人口密度の低いフィンランドでは練習や試合の場所は家の近くとは限らないため、子どもが小さいうちはあちこちに送り迎えをする必要がある。

たとえ習い事などをしていなくとも、子どもだけで家に長時間いさせることは好ましくない。家族で過ごす時間をできるだけとりたい、という気持ちがあるため、家路を急ぐことになる。

18歳になったら家を出て自立をするのが当然のフィンランドでは、結婚して子どもができても祖父母と一緒に暮らすことはほとんどない。私の周りもほとんど同居していないが、2組だけ、2世帯住宅や同じマンション建物内に祖父母と一緒に暮らす家族を知っている。

ただ彼らも生活は親世帯と子世帯それぞれ別で、普段頼ることはほとんどない。だからこそ平日は、共働き夫婦は、交代で子どもの送り迎えをしたり、ご飯を作ったりと、家庭のことも夫婦で協力してこなしていかなければならない。父親も母親も定時で帰る必要がある。

「18時過ぎに帰ってくる父は、家庭を大事にしない父親失格の人」と、かつて友人が放った衝撃的な言葉が物語るように、家族がいる人は、できるだけ定時で帰り、一緒にいる時間を大切にすることが求められている。ちなみにフィンランドでは小学生の子どもを持つ親は、父親のほうが母親よりも若干子どもと過ごす時間が長い。また、子どもがいなくとも、パートナーがいる人たちは、相手と一緒に過ごしたいからこそ、早く帰りたいという意見もある。

睡眠は7時間半以上

冬が長く、非常に暗い時期もあるフィンランドでは、家族がいなくて、趣味もなかったら、定時で帰った後に寂しく感じるかもしれない。でも、好きなことや、ぼーっとする時間があると考えることもできる。みんながみんな趣味や勉強、スポーツに忙しくしているわけではなく、読書をしたり、ゲームやネットを楽しんだり、テレビや映画を見たり、ゴロゴロしたり、そういった時間を大切にしている人もいる。

フィンランドは一人当たりのキャンドルの消費量が世界一だ。暗く長い冬に家でリラックスするのに、キャンドルは欠かせない。ガラスや陶器などでできた様々なキャンドルホルダーにろうそくをいれ、灯《ひ》をともす。さらに、暖炉のある家も多く、暖炉に火を入れて温《ぬく》もりと炎を楽しむ。さらに、冬は家で過ごす時間も長いため、家具や装飾にこだわって、居心地のいい空間を作る。

フィンランド人は平均睡眠時間は長く、大人も7時間半以上。新聞記者の友人は、必ず8時間以上は寝ていると言う。これだけ睡眠時間がとれるのも、定時で帰ってゆったりした時間を持てているからである。

週末も趣味、スポーツ、DIYなど様々

では週末はどんな風に過ごしているのか。平日と変わらず、趣味の集まりや、スポーツ、子どもの大会や趣味の送り迎えに、生涯学習など様々だ。普段手がまわっていない掃除や片づけ、洗濯、ＤＩＹに精を出す人もいる。

日本だと週末は買い物や街にでかけるという人が多いが、フィンランドはつい数年前までは日曜は完全なる休息日。お店は全くやっていなかった。土曜も早めに閉まってしまう。だから、以前は日曜に買い物に行くという発想はなく、街中も静かで、人もあまりいなかった。

最近は規制緩和で、日曜でもやっているお店は多くなり、ライフスタイルも少しずつ変わっている。ただ、まだまだ伝統的に、週末は家でのんびり過ごす

か、森や湖、コテージなど、遠方にでかけるというのが多い。

時間があれば実家や親せき、友人の家にもよく行く。近ければ、毎週のようにお茶を飲みにでかけたりするが、たとえ近くなくとも、たとえ短い時間だったとしても、顔を合わせてのコミュニケーションを大切にする。

日本ではなかなか長期休暇の時にしか行かない3〜4時間、もしくはそれ以上に時間がかかるような距離の場所にも、フットワーク軽くでかけていく。もちろん、クリスマスやイースター、夏休みといった家族が集まる行事も大切にしている。だから、たとえ実家の両親とは離れて暮らしていても、会っている回数は驚くほど多く、関係性は密だ。

ベリー摘み、きのこ採り、猟も楽しむ

さらに、週末にはアクティブにアウトドアを楽しむ人も多い。森歩きやベリー摘みにきのこ採り、釣り、キャンプと四季を通じて身近にアクティビティが溢れている。

フィンランドには自然享受権という慣習法がある。これは、土地の所有者に損害を与えない限り、誰もが他人の土地への立ち入りや自然の恵みを受けることを認めるものである。

フィンランド人の多くは、市場やスーパーで買えるのにわざわざ、きのこ採りやベリー摘みに行く。身近な森や小道には季節によって野いちご、ブルーベリー、ラズベリー、リンゴンベリーなど、天然のベリーが溢れている。秋になれば、雨の後ににょきにょきときのこが生える。だが、自分で採るのはそう簡単ではない。特にブルーベリー摘みはいつも大量の蚊との戦いだ。多少暑くても、長袖長ズボンで完全防備をし、森の中に入っていく。自分で摘むため、ベリーもきのこもゴミや虫が混じることもある。それをそうじするのも面倒だ。

それでも人々が行くのは、自然の中で恵みを得る喜びが感じられるからだ。無心になってできるので、ある意味瞑想のようなものだとも言う。こんなに採れたよ！　といった達成感も感じられる。そして収穫したものはもちろん美味しい。

ヘルシンキのような首都ではあまり聞かれないが、私が住んでいたユヴァスキュラのような森が身近にある地方都市や田舎は、夏の会話に面白いほどベリーが登場する。「もうベリー摘みに行った？」「僕は、バケツ3個分採ったよ」「私は2リットル採ったわ」「○○の方面にすごくいい場所があるけれど詳しい場所は秘密」といった具合。

特にこの「私○○リットル採りました」自慢はすさまじい。毎年夏になるとフィンランドに行くのだが、ブルーベリーの当たり年には、会う人会う人、この自慢話をしてくる。

またユニークなのは、猟を趣味としている人が非常に多いことだ。フィンランドは銃の保有率が世界有数なのだが、それは狩猟が非常に人気の高い趣味だからだ。撃っていい動物の種類や数、時期など細かなルールが決められていて、銃を扱う許可や講習が必要だが、野鳥やヘラジカなど様々なジビエ肉を身近に楽しめる。

猟の楽しみは何よりも屋外を仲間と歩き回ることで、さらに獲物が手に入れば達成感もあるのだそうだ。私の知人が勤める企業では、経営陣の中に猟を趣味としている人が多いため、ゴルフ接待ならぬ、猟接待があり一緒に猟にでかけることでパートナー企業と交流している。

お金をかけずにアウトドアを楽しむ

そもそも、フィンランドでは、身近な自然のおかげであまりお金をかけずにアウトドアスポーツが楽しめる。徒歩や自転車でちょっといった先に、湖や海の天然のプールがあるので無料で泳げる。

私が留学していたユヴァスキュラでも大学の目の前の湖畔は、気候が良くなると水着姿で日光浴をする人たちで溢れる。さらに暑くなると、ほてった体を湖に入って冷やし、そのまま湖畔で水着が乾くまで読書を楽しんだり、昼寝をしたりする。小さな子どもたちも親に連れられてやってきて、浅瀬でチャプチャプとおもちゃで遊んだり、浮き輪をつけて水に触れる様子が見られる。

フィンランドは夏でも水温は20度に届かず、透明度が低く、深いのか浅いのかもよくわからないので、はじめは恐怖感もあった。でも、夏の暑い日に冷たい水でスッキリし、湖畔で寝っ転がって風を感じる時間は、私にとって至福の時だった。青い空や雲を見てボーッとする。友人たちとのんびり語ったり、持ってきたおやつを食べたりする。そんな時間を今でも恋しく思う時がある。

さらに私がよく泳ぎに行っていた湖は冬になると、凍結する。氷の厚さが十分になると、橋の上を渡らなくとも湖を歩いて渡ることができる。すると、氷に穴をあけて魚を釣るアイスフィッシングをする人があちこちに見られるようになる。

また氷の上の除雪をし、表面を整えると、天然のスケートリンクになる。周囲4キロもあるアイスリンクは市民の憩いの場となっていて、朝や学校帰り、週末には大人も子どももスケートを楽しんでいる姿がよく見られる。

そしてフィンランドではクロスカントリースキーがジョギングのように楽しまれている。私の住んでいた場所も、5分も森の方向に歩けばスキー用のトラックにたどりつき、そのトラックは全長で何十キロにもおよぶ。スケート靴もクロスカントリースキーの道具も高くなく、1万円もしない。

そんな環境のせいか、よく遊びに行っていた家族は、週末のうち必ず1日は子どもたちと共にスキーや森歩き、カヌーなど一年を通して楽しんでいた。子どもが大きくなった今では、1日どころか週末の2日間をずっと外で過ごしている。

もともと体力のある人たちで、数十キロをローラースケートで走ったり、冬になれば近くの森で10キロ以上のクロスカントリースキーをしたり、森の中で地図を持って走るオリエンテーリングを楽しむ。冬にスノーシューで数時間を歩くこともある。

私もその友人家族に誘われると、自分の体力に見合ったものであれば、できるだけ参加するようにしていた。特に、野生のブルーベリーやリンゴンベリー、ラズベリー摘みは喜んでついていっていた。そしてどんなに寒くとも、天気があまり良くなかったとしても、外で数時間過ごすと気持ちが良く、心地いい疲れを感じながら友人宅で入るサウナは格別だった。

土曜日はサウナの日

フィンランド人の家には一軒家や広いマンションであれば、大概サウナがある。友人宅は、よくアウトドアやスポーツを楽しむので、いつでもすぐサウナに入れるよう、24時間サウナが設置されている。通常、サウナはスイッチを入れてから温まるのに30分から1時間かかるが、それを待つのが嫌な人向けの、常に温められていていつでも入れるサウナが友人の家にはあった。そこに入ってスッキリしてくつろぐ度、私も「あー週末！」と実感していたのだった。

フィンランドでは、土曜は伝統的にサウナの日だ。夕方に家のサウナを温め、家族で入って、その後にリラックスしてのんびりテレビや映画を見て過ごす。だからその時間になると古い家やサマーコテージから煙が上がりサウナを温めている様子がうかがえる。

「サウナ」は海外で最も普及しているフィンランド語だろう。フィンランド人のライフスタイルや文化を語るうえで決して忘れてはならない要素で、550万人の人口に対してサウナの数は200万とも300万とも言われている。

お風呂の感覚でどこの家にもあり、その代わりお風呂のバスタブはあまりない。アパートの各部屋の浴室に小さなサウナがついていることもあるし、それがない場合はたいてい共用サウナが地下や屋上についている。

私が留学していた時は、学生アパートに共用サウナがあり、さらに研究棟や学部にもサウナがあった。また、職場にもサウナがあることは珍しくない。従業員が仕事帰りに楽しめるようになっていたり、お客様の接待用もある。

高齢者施設や刑務所にもサウナはあるし、無人島にも船やボートで来た人が使えるサウナが存在している。アイスホッケー場に行けば、試合を見ながら入れるVIP観客用のサウナ、観覧車やリフトのワゴンがサウナになっているものもあるし、氷でできたサウナ、持ち運びが容易なテントサウナ、サウナがついているバスや船まである。逆に、サウナのないところを探すのが大変なぐらいだ。

9割以上の人がサウナを楽しむ

サウナやサウナに似たものは世界各国にあるが、こんなにも生活の中にサウナが浸透している国はないだろう。

初めて旅した時も行く先々でサウナに誘われた。大学に入れば留学生歓迎会がサウナで開催され、住み始めた学生アパートでも共用のサウナで他の住人と交流した。そのせいか今ではフィンランドのサウナが大好きで、フィンランドに行く度に欠かさず入る。

サウナは本来、体を温め、汗を流し、体をきれいにする場所だ。日本であればお風呂がその役目を担っているのだが、フィンランドは普段はシャワーのみ。そして週に1～2回サウナを楽しむ。9割以上のフィンランド人が定期的にサウナに入っているそうだ。

日々のサウナの他に、クリスマスイブにはサウナに入って心身ともにきれいにする。クリスマスと同じぐらい大切なお祝いの夏至《げし》には、コテージや田舎に行き、一年で最も長い太陽の光を存分に味わいながら、サウナに入り、リラックスして過ごす。一晩中友人や親せきたちと語らいながらサウナとお酒と泳ぎを楽しむ人も多い。

さらに伝統的にフィンランドでは結婚式の前に花嫁も花婿もサウナに入って身を清める習慣があった。現在では、結婚式の数日前に開催される男女別の独身最後を楽しむパーティーで、サウナを楽しむことが多い。特に花嫁は女性の友人たちとサウナに入り、エステを楽しんだりする。

フィンランドサウナの魅力

フィンランドにはコテージ（別荘）文化がある。普段暮らす家とは別にセカンドハウスを森の湖畔や海辺に持つ。週末や夏期休暇に普段の生活をリセットしたり、自然をより身近に感じてリラックスするための場所だ。そしてそこにはサウナは欠かせない。もともとコテージを作る時はサウナ小屋から作ったと言われているぐらいだ。

最近の家のサウナは電気で温める方式だがコテージや田舎にある伝統的なサ

ウナは、薪をくべる。「薪で温める方が、空気が柔らかい」と、よくフィンランド人は言う。

そしてサウナストーブの上の熱くなった石に水をかける。すると「ジュワー」という音と共に猛烈な熱さの蒸気がたち、部屋中が温まる。この蒸気は「ロウリュ」と呼ばれ、サウナの代名詞でもある。

だからフィンランドでは「よいサウナを！」の意味で、「ヒュヴァー（＝良い）・ロウリュア」と言うし、サウナから出てきた人には「ロウリュはどうだった？」と聞く。「良いロウリュだった」と言えば、気持ちいいサウナだったという意味になる。

フィンランドサウナの魅力は、サウナ部屋の木の香りに、ヴィヒタ（白樺の若い枝を束ねたもの）のさわやかなアロマの香り、さらにロウリュ、そして外気浴だろう。コテージや田舎のサウナであれば、熱くなって汗をかいたらそのまま外にでて湖や海にドボンと入る。

夏でも水温は驚くほど冷たく15度にも達していないことがあるが、ギュッと体を冷やしてあがると、スッキリとした気分になる。裸で水辺を泳ぐ鴨と同じ目線でゆったりと泳ぐと自分が自然の一部になったようで、なんとも気持ちがいい。水に入らなくとも、木々や自然、空を見て涼むのもいい。

街中の家のサウナだとなかなかそういう訳にもいかず、バルコニーに出るか、冷たいシャワーを浴びるぐらいしかできないが、熱いサウナと外気浴やクールダウンを楽しむのが本来のサウナなのである。そして、十分体が冷えたら、またサウナに入る。

冬はどうするのか。新雪の上で横になって、バタバタと手足を動かせば、スノーエンジェル（雪の天使）ができる。雪の上でゴロゴロとするのも楽しい。もちろん心臓が止まりそうに感じるほど雪は冷たい。

さらにアヴァントもある。これは、凍った湖や海の氷をくりぬいて入ることだ。これを外国人がするとフィンランド人からは「勇敢だ」と一目置かれるようになる。私自身はこれまで4～5回、アヴァントを経験している。

「フィンランドで冬にサウナに入ったら、一度はアヴァントを経験しないとね！」とフィンランド人がいつも言うから、するのが当たり前だと思ったが、実はフィンランド人でも体験していない人はたくさんいる。理由は「寒いから」「冷たいから」。人に勧めといて、それはないでしょう、と突っ込まずにいられない。

サウナは一人でも、誰かと一緒でも

サウナには一人で入ってもいいし、誰かと一緒に入ってもいい。一人の時は静かに楽しめるし、誰かと一緒の時は、語り合って交流することもできる。普段シャイであまり社交的ではないフィンランド人だが、あるフィンランド人は「サウナは唯一、素面《しらふ》でも知らない人と気軽に話ができるところ」と語る通り、サウナの中では自然に会話が生まれる。

石に水をかける時、「かけてもいいですか」や「熱くないですか」と話しかけたり、外気浴をしながら「天気がいいね」なんて話ができる。友人たちと入っている場合も、サウナの中にいられるのはたかが5分だったとしても、外気浴

とサウナを何度か繰り返すうちに、1〜2時間はあっという間に過ぎていく。

では、フィンランド人にとってサウナとはどんな場所なのだろうか。ここ最近、日本で公開されるフィンランド映画を見ていると、必ずと言っていいほどさりげなくサウナの場面がでてくる。戦場から帰ってきて家族とくつろぐシーンでサウナに入っていたり、戦争中であっても皆でサウナに入って湖で泳いだり、日常の描写にサウナは欠かせない。たとえ非日常な場所やストーリーであっても、サウナや外気浴のシーンが観客に安心感を与えているように感じる。

家のサウナはリラックスの場であり、家族との会話の場である。家族は男女関係なく裸で一緒に入っても不思議ではない。つい60年ほど前、まだ出産が自宅で行われていたころは、サウナが出産の場所であった。もちろん80度に部屋を温めていたわけではない。サウナは清潔で、水もお湯も手に入り温かい場だったため、都合が良かった。

同じ理由で、サウナでマッサージをしたり、人が亡くなった時はサウナで遺体を清めたりしていた。つまり、生の旅路の始まりと終わりにサウナがあったのだ。また麦芽を製造したり、穀物を乾燥させたりといったことでも使われていた。今でも、蒸気がひいた後に洋服を干したりしてサウナの利用範囲は広い。

サウナは接待やおもてなしの場にもなる

では、なぜ職場や学校にもサウナがあるのだろうか。まず一つは、仕事終わりにさっぱりしたり、リラックスできるようにということ。

私の職場にもサウナがあるが、希望する職員が何人かいれば、サウナを温めて仕事終わりに入る。だが、もう一つ仲間との交流やおもてなしの場としての役割もある。

例えば大使館の場合、大使専用の広いサウナがあり、接待やおもてなしの場として使われている。定期的にインフルエンサーやお世話になった方たち10人ほどを招いてサウナの夕べを開催するのだ。サウナに入り、外気浴を楽しみ、食事をしたり、お酒を飲んだりして数時間を共に過ごすことで、お互いの距離がグッと縮まり、仲良くもなれるし、フィンランドファンにもなってもらえる。

まさに裸のつきあいだ。

このサウナ外交は、日本だけでなく、アメリカのワシントンや各国の大使館で行われているし、本国でも政治や外交の場面でフィンランドと海外のリーダーが共にサウナに入って、交流することは有名な話である。

私が以前勤めていたフィンランドの企業でも、サウナは常に接待の重要なツールとして使われていた。会社の屋上には立派なサウナがあり、日本をはじめ海外からお客様が来ると会議の後に共に入り、裸のつきあいと食事やお酒を楽しんだ。

大事なお客様を迎えて時間がある時は、会社が持つ豪華なコテージのサウナに連れて行くこともあった。このコテージへは船で30分ほどかかる。バスでも行けるのだが、船の上でも軽く飲みながら音楽と景色を楽しみ、コテージに着いたら、サウナに入る。そのサウナは20名近くが入れるようなかなり巨大なものので、あつくなって外にでれば目の前は広いテラスと湖。とにかく気持ちがいいのだ。

最近でも、フィンランドでの研修時、ゲットトゥギャザーと呼ぶ初日の懇親会は、今ヘルシンキで人気の公衆サウナ「ロウリュ」で行われた。そこは水着を着て男女共に入るものだが、一緒にサウナで語らいアヴァントを楽しむことで、変な緊張や距離もなくなっていった。

考えてみればあまりよく知らない人と裸のつきあいをすることは、少し不思議な感覚ではあるが、そんなのも最初だけのことだ。サウナの中は暗く、蒸気もあるため、それほど相手の裸が見える訳ではない。基本は裸で入るフィンランドでも異性がいたり、自分の裸をさらすのが嫌な場合は、水着をつけてもタオルを巻いてもいい。

サウナには不思議なマジックがある。そこでは誰もが洋服だけでなく、地位も肩書も全てを脱ぎ去り、大統領だろうが一般人だろうが高齢でも子どもでも、皆が一個人として存在する。つまりとても平等な場所で、その空間を一緒に楽しめるのだ。

夏休みは1か月

今、日本でもフィンランドサウナの人気が上昇中で、ついつい力が入ってしまったが、休みの話に戻ろうと思う。

7月にフィンランド人にメールを送ると、「アウト・オブ・オフィス。8月××日まで夏期休暇中です」と、自動返信が送られてくる。しかもオフィスに戻ってくる時期は、1か月以上も先だったりする。フィンランド人のライフスタイルを知っていればもう驚くこともなく、そもそも7月にメールを送ろうとすら思わないが、あまりフィンランド人とのつきあいがない日本人からしたら衝撃だろう。

フィンランド人は、普段から残業を極力避け、オンとオフの切り替えをはっきりしているが、その文化は有給や夏休みの取得にも見られる。「休むことは生産性のためにも必要」という認識を皆が持ち、有給を使い切ることは社員の権利だと断言する。きっちり休んで心身共にリフレッシュするからこそ、その後に集中して働ける。頑張って働いてから休む、というよりむしろ、休むから後で頑張れると、いった感覚なのかもしれない。

夏休みは通常6月から8月末の間にとるのが普通だが、中でも伝統的に7月は、夏休み真っ盛りだ。もともと農業中心だったフィンランドでは、冬に必要な大量の干し草を7月に準備する必要があった。準備にはかなりの労力が必要で、かつては家族どころか親せき総出の仕事だった。都会に出ていたり、工場などで働いたりしている人も長期の休みをとって、干し草づくりの仕事を手伝ったそうだ。

そんな名残から、夏期休暇は7月というのが定着したという。しかも、7月は一年の中で最も日照時間も長く、気温も高い。暗く寒い冬の長いフィンランドでは、7月が休みを楽しむのにもってこいなのだ。

1年は11か月と割り切る

最近ではライフスタイルの変化や、夏の間も完全休業ではなく経済活動を維持するために、休みは7月だけでなく分散型になってきた。6〜8月末までの間に、有給休暇をまとめて4週間、人によってはそれ以上に長い休みをとる。育児休暇と合わせて2~3か月休んだという男性も私の周りに複数いる。

その間、取引相手や同僚は困ることがないわけではないが「夏は何も進まない。大事なことは決めない。連絡もとれなくて当然」と最初から割り切ってしまえば、何とかなるものである。重要な打ち合わせや決め事は6月より前にし、1年は12か月でなく11か月と割り切ればいい。

また、普段やり取りのある人たちからは、6月ごろから「私は××から××まで夏期休暇をとるので、緊急の際は同僚の○○に連絡してくださいね」などと連絡が来るので、それほど困ることはない。面白いのは、緊急の場合は私の携帯に電話してね、という人がほとんどいないことだ。休みは休み、いくら携帯で連絡がつく時代になったとはいえ、邪魔するなという暗黙のルールが伝わって来る。

夏の間、多くの企業では最低限の業務をまわすため、社員が交代で休みをとるのが普通だが、小さな企業やお店、レストランやサービス業などでは、思い切って3~4週間、完全に閉めて一斉に夏休みにしてしまうこともある。店の休業の貼り紙を見て「理解できない！　レストランなんて夏が儲け時なのに！」と日本人の知人は憤慨していたが、社員やスタッフの休みの権利を侵害することはできない。だから日本企業や日本人経営者がフィンランドでとまどうのが、残業や長期休暇を含めて労働者の権利の部分だとよく聞く。権利が強く守られているし、経営者もそれは遵守《じゅんしゅ》しないとならないからだ。

心置きなく休む工夫

夏休み中は最低限の業務をまわし、できるだけ心置きなく休めるよう、いくつか工夫がなされている。例えば、休みはできるだけ交代でとり、計画は早めにすることだ。とはいえ、一番いい季節の7月に休みをとりたい人は多い。夏休みの半年前ぐらいから休みの希望を提出するのだが、周りの出方を見たり、上司や同僚と交渉したりし、早めに計画をたてていく。クリスマスや新年が明けて「ハッピーニューイヤー！」と言ったそばから、「夏休みの予定出してね」

と言われる。

また、子どもがいる場合は、パートナーとの計画のすり合わせが必要となる。というのも6月頭から8月中旬まで学校が休みになってしまい、父親と母親が1か月ずつ休んだとしても足りないほど休みが長い。幼い子どもを一人家に置いておくわけにいかないので、祖父母の家にあずけたり、キャンプに行かせたり、パパ友・ママ友、近所に頼ったりする必要がある。

上下関係のあまりないフィンランドではあるが、やはり上司がより自分の都合を優先させて、家族をまだ持っていない若い人たちや、勤続年数の浅い人が少ししわ寄せを受けることはある。調査によると、30歳以下の社会人のうち、約半分が4週間連続の夏期休暇をとれていない。全ての社会人では、4週間連続でとれていないのは27パーセントである。年間の有給休暇は100パーセント消化できていても、4週間連続の休みはとりづらい人がいることも確かだ。

フィンランドの法律によれば、夏期休暇は12勤務日以上の連続した休みを与えなければならないとなっている。ただ、小企業や、収益が厳しい企業ほど、まとまった休みはとりづらく、経営者や財務関係の職種も連続での取得が若干難しいようだ。

その一方で、4週間に残業時間を足して計6週間休みをとったとか、年間の有給休暇をすべて注ぎこんで夏休みではない11月に5週間の海外旅行にでかけたという友人、さらには有給では足りなくて、無給でも休みを数日足してもらったという友人も私の周りにはいる。

いずれも、上司に希望を伝え、理解を得て実現した。このように自分の希望を気軽に会社や上司に伝え、それに対して柔軟に対応してくれる企業風土がフィンランドにはある。「それが、社員のモチベーションにもつながるから」と上司の立場にいる友人は言う。

夏は大学生が大きな戦力になる

自分が休みの時に代わりの担当者をきっちり指名しておくことも大切だ。その人に緊急の対応策や、最低限カバーしてほしいことをお願いしておく。

その代理の人材だが、夏に大きな戦力になるのが学生たちだ。企業は6月から約3か月、大学生や卒業したばかりで定職についていない人をインターンとして積極的に雇う。若い人たちにとっては、仕事経験が得られるまたとないチャンスだ。新卒採用制度のないフィンランドでは、就職の際に大学生もベテランも同じ土俵で戦うことが強いられる。もうすぐ卒業を控えた優秀な学生だろうが、なんの社会経験もなければ即戦力にはならない。いくら若く、やる気に溢れていても、少しでも社会経験のあるほうが就職には有利なのだ。

それでも夏の3か月は若手にチャンスを与える意味でも、企業は積極的に未経験者も雇う。学生からすれば、夏に働けば履歴書に書けることが増えるし、もちろん多少のお金も手に入る。さらに自分が何をしたいのか、どんな企業で働きたいのかを考えるきっかけにもなるし、将来に役立つ人間関係が築けるかもしれない。もし双方が気に入り、空きができれば、その後その企業に就職する可能性だってでてくるのだ。

そこで、大学生は新年が始まるころから夏のインターンシップの可能性を探してインターネット検索をしたり、意中の企業に問い合わせたり、ありとあらゆるコネを使ったりして、研修先を探す。人によっては何十社にも応募してようやく最後に1社決まった例もあるし、どんなに応募しても決まらなかったケースもある。

私が留学していた当時も、春になると夏の仕事探しでピリピリしていた友人たちがたくさんいた。いわゆる日本のようないっせいの就職活動はないものの、毎年、人によっては常に夏に仕事探しをしているようなものだ。

最近では、語学を磨いたり、異文化体験をしたりするにもいい機会として、思い切って海外の企業や組織で夏の間に働く人も少なくない。ただ、皆が自分の専門分野や憧れの仕事につけるわけではない。それでも長い夏休みを何もしないで過ごすのは避けたいし、お金は稼ぎたいという人は、スーパーのレジや工場の単純作業、カフェや清掃などありとあらゆる仕事にも応募する。

企業にとってもプラスになるインターンシップ

だが、果たして大学生が、正社員の仕事をこなせるのだろうか。フィンランドのインターンシップは、実務をこなすことが多いので、アルバイトのような感覚だ。もちろんお金が絡むことや、大きな決断が必要なことはできないが、数日間教えればある程度のルーティーンや事務作業はこなせるようになる。

また、若い人たちはPCやタブレットを使いこなしたり、新たなテクノロジーを学ぶのに長《た》けているので、仕事が早い。それにやる気に溢れ、新鮮な目線と柔らかな頭を持っているので、いいアイデアが生まれることもある。そして他の社員や職員にいい刺激となる。

今まで何人ものインターンを見てきて思うのは、企業にとって彼らは決して重荷になることばかりではなく、むしろプラスにはたらくことも多いということだ。もちろんそのためには、明確な指示やサポートが必要になるが。

新聞社やテレビ局といったメディアでも夏は多くの学生たちが活躍する。私が学生の時は、同じ学部にジャーナリズムコースがあったため、メディア志望の学生が多かった。全国の新聞社やテレビ、ラジオ、雑誌社に履歴書を送り、採用されれば他のプロの記者と同じ仕事をこなしていく。実際に取材をしたり、記事を書いたり、編集したりするのだが、「とにかく仕事は早いし、動画撮影も編集も早くて、正社員よりもよっぽど仕事ができる」と、あるメディアの編集長は語っていた。

こういったインターンシップは、省庁やNGOなどでは特に夏に限らず、通年で行われているところもある。一職員として、レポートを書いたり、調査をしたり、半年や1年と長期にわたるものもあるし、仕事の内容も多岐にわたる。受け入れる側からすれば、次はどんな子が来るかと毎回なかなか楽しみだ。

ちなみに、最近フィンランドでインターンや社員の募集時に人気なのが、動画を活用した履歴書や自己PRだ。30秒〜1分で簡潔に自分のプレゼンをする。通常の携帯で撮影したシンプルなものでいいが、印象に残ることが大事だ。

特に若い人たちが競って応募する夏のインターンシップでは、もはや書類だけで面接まで行くのは無理とまで言われるほど、動画の活用が普及してきている。企業にとっても大量の応募者から選ぶのに、動画は有効なのだそうだ。

4週間の休みをとる理由

かつて、フィンランド人の同僚が4週間の休みをとる理由をこう語っていた。1週目はなかなか仕事から完全に離れられず、頭の中で考えてしまう。2~3週目になると休みを楽しむことができ、4週目になるとそろそろ仕事に戻りたくなる。だから今後の仕事のモチベーションや、心身の健康、ウェルビーイングの観点からも長期の休みが必要なのだ、と。

そして長期休みに同僚が入る時、周りは「仕事もパスワードも忘れて、携帯もメールも見ちゃだめだよ」と声をかけることが多い。誰か一人が長く休みをとるのであれば、周りの人が不満に思ったり、休むほうも心苦しく感じるかもしれないが、みんなが同じぐらい休みをとるので、素直に「行ってらっしゃい」という気持ちになる。

取引先が多少不便を感じたとしても、夏休みの季節だし、自分も休むのだからと、寛容になれる。だが、インターネットや携帯がこれだけ普及している時代に、果たして本当に休み中は仕事から離れられるものだろうか。

フィンランドのニュースサイトの調べでは、実は、夏休み中もニュースを読む感覚でメールを一日一回読んでしまうという人が38パーセント、しかも、うち34パーセントが返信もしてしまうと回答している。ただ、メールチェックは周りに気を使って、家族がそばにいない時に、と答えた人が多かった。

もちろん休みの時は、肉体的にも精神的にも完全に仕事から離れて、リラックスしたほうがいいに決まっている。フィンランドの国立労働研究所の研究者キルシ・アホラもインタビューで「ウェルビーイングの観点から、休みの大切な目的は、仕事の疲労からの回復です。休み中にメールを読んでしまうと、きちんと回復できない可能性もあるのです」と語っている。ただ、1か月が過ぎて仕事に戻った時に何百ものたまったメールを読むよりは、少ないほうがいいという気持ちも理解できるのではないだろうか。

休みに仕事をしないために

では、休みにメールを読まず、できるだけ仕事をしないようにするには、どうしたらいいか。まず一つは先ほども述べた通り、自分の休暇中に仕事をカバーしてくれるインターンやチームメートを決めておくことだ。そうすれば、その人が代わりにメールを読んだり、答えたりしてくれるので、心穏やかに休みを楽しむことができる。いつもの「アウト・オブ・オフィス＝オフィスにいません」の自動返信に、自分の仕事をカバーしてくれる人の名前を書いておくことで先方も途方にくれることがない。

同時に、緊急の時の連絡方法を決めておくことが大事だ。代理の人や周りの同僚がどうしても連絡をとりたい時、携帯に電話してもいいのか、日本で言うＬＩＮＥのようなメッセージアプリにメッセージを送ったほうがいいのかなど。もちろん誰もが休み中に仕事の電話がかかってくる煩《わずら》わしさを知っているので、それはできるだけ避けたい。ただ、スピードが求められる現在、放っておくことのできない案件が緊急ででてくることはある。

私のある上司の場合は、「メールは一切見ないから、どうしても必要な時はアプリでメッセージを送って」と言う。休みは邪魔したくないが、そのメッセージを送ることが許されたことで、オフィスに残っている人たちが助かることもある。最初から「通常のメールは見ないから」と宣言しておくことで、当人も周りも楽になる。こういった取り決めがあることで、経営陣や管理職であってもある程度心配せずに休めるようになり、今までメールを読むことに費やしていた時間を、なくすことができる。

コテージでデジタルデトックス

だが、長期の休みに慣れていない日本人からしたら、そんなにも長い休みに何をするのだろうと不思議に思うかもしれない。

やはり時間がたっぷりあるので、国内外にゆっくり旅行に行く人は多い。だが、それ以上にフィンランドらしい夏休みは、コテージに行くことだ。550万人の人口のフィンランドには50万軒のコテージがあると言われている。

親せきから譲り受けたものや、自分で建てたものなどいろいろだが、きょうだいや親せきと共有して使っていることが多い。

コテージでサウナに入り、自然や静かな時を楽しむ。コテージの中には、電気や水の通った普通の家のように豪華なところもあるが、そういったものが一切ないところも少なくない。

私のある友人は、「いろいろ便利なものが揃っているコテージは、コテージじゃない。やっぱり、明かりは白夜の自然な光のみ、水は近所から汲んできて、昔ながらの薪や炭を使って簡単な料理をするのがいいのよね」とよく言っている。そういったコテージは、もちろんテレビもなく、まさにデジタルデトックスだ。

しかもトイレは昔ながらの屋外の汲み取り式だ。シャワーもなく、サウナを温めて、湖で汲んだ水を薪のサウナストーブの横のタンクに入れてお湯を作り、湖の水と混ぜて行水のようにして体を洗う。

何でもある生活やデジタルな生活に慣れてしまっていると不便に感じるコ

テージライフだが、日々の忙しさや喧騒から離れてこういったところで1〜2週間過ごすと、身も心もリセットされる。読書を楽しんだり、魚釣りをしたり、近くを散策したり、予定や時間に追われない、何もしない時間を楽しむのだ。

DIYや勉強、家族の行事を楽しむ人も

湖や海が身近なフィンランドでは、ボートやヨットを持っている人も多い。友人のご両親は夏休みのうち10日間ほどを毎年ヨットで過ごす。大小様々な島を巡り、ヨットの中で眠る。さらに、仲間とキャンプに行ったり、フィンランド中で開催される音楽やアートのフェスティバルに出かける人も多い。

また、夏は結婚式や、堅信礼《けんしんれい》（15歳になってあらためて洗礼をうける。フィンランドでは成人式のような意味合いが強い）など、家族・親せきがらみの行事も数多くある。そういった行事に参加するため、フィンランド中を移動する。

さらにはDIYが盛んなフィンランドでは、日が長く、まとまった時間のある夏休みにリノベーションをする人が多い。トイレや浴室、壁のペンキ塗りな

ど、普段できないことをこの時に家族総出で行うのだ。もちろん庭仕事や畑仕事など、雪がなく暖かいこの時期にしかできないこともたくさんある。

時間のある夏に勉強をするという人もいる。大学や高校などでは公開講座も多く開催されているし、語学に興味のある人は海外の語学講座に行くこともある。さらに、仕事をしながらでも大学や仕事に関係のある補習講座に通う人が多いフィンランドでは、この時期にまとめて論文を書いたり、座学に通ったりする人もいる。

夏休みに何をするかはそれぞれ自由だ。何もしない時間をのんびりと過ごす人もいれば、予定をつめこんで慌ただしく過ごす人もいる。それでも、4週間、6週間の休みが「長すぎた」「暇すぎた」と言っている人に会ったことがない。子どもの時には2か月半の夏休みを過ごしているので、ある意味夏休みは長くて当然。慣れているところもある。終わってみればあっという間、もっと休みがあればいいのに、という声も聞こえてくる。

休み明けにバリバリ働くフィンランド人

そんなに休んでしまったら、仕事に戻れなくなるのでは？　と思う人もいるかもしれないが、たいてい1～2日で元に戻れる。そして心身共にリフレッシュしたフィンランド人は、驚くほどの集中力でバリバリ仕事をこなしていくのだ。そういった姿を見ていると、やはり長期休みは必要なのだと感じさせられる。

ただ、フィンランド人の中にも、「夏休みに何かをしなければならない」とか、家族や親せきと過ごす時間が増えることに起因するストレスを感じる人もいるようで、夏休み前になると雑誌などでよく「こうすれば楽しい休みが過ごせる」といった特集が組まれる。

では、効果的な休みのとり方とは、どういったことか。フィンランドの労働衛生研究所の研究者は、まず日常生活で疲れた体と心の回復をすることが大切だという。そのために効果的なのは休暇中にいつもとは違ったことをすることであると語る。

つまり仕事から頭を切り替えることが大事だ。例えば、休暇のはじめに旅行をすると、うまく切り替えられる。それがうまくいかない場合は、ほかの形で日常のルーティーンを変えることも大切だそうだ。

そういう意味で、フィンランド人が旅行に行ったり、コテージでのんびり過ごすのは、ベストな過ごし方と言える。

おすすめの休みの過ごし方

ここでは、専門家が推奨する効率的な休みのとり方も紹介してみたい。

1　環境を変え、他のことを考えて仕事は忘れる

環境を変えると、忘れやすい。職場から離れ、同僚と会わないことも大事。環境が変えられない場合も、他に楽しい、面白い、集中できることを見つける。仕事のことを考えないとまでいかなくとも、頭の隅に追いやることは比較的簡単にできる。

2　休暇モードに気分を切り替えられるよう、仲間を見つける

笑顔の相手を見ることで、自分も口角があがってくる。つまりミラー現象。そういう仲間のそばにいると、自然とリラックスできて、楽しくもなる。

3　休みのはじめに頑張りすぎない
やらなければならないこと、リストにあることをいろいろと頑張ってやりすぎてしまうより、はじめは休むこと、回復することを重視すべき。

4　デジタルデトックスをせめて1週間
すべてのデジタル機器から最低1週間離れる。

5　携帯やタブレットからの距離をとる
携帯やタブレットは音も電源も落とし、家族に預かってもらったり、ロックをかけたり、依存から脱却する。視界に入らないようにするだけでも、効果あり。

6　楽しい瞬間を写真などで保存する

7　適度な運動をする

8　自分自身にご褒美をあたえつつも、規則正しい生活をする

9　短い休みでも、積極的に休みの気分を作るようにする
例えば、街にでかけてボーッと人間観察をしたり、観光客を見たりする。過去の休みの思い出を、思い浮かべる。

10　休みと活動のバランスをみつける
休みを楽しむことと、日常の改善。どちらにも好きなことや楽しみを入れるといい。

どんな風に休みを過ごすにしろ、心身ともにしっかり休むことで、疲れがとれてリフレッシュし、次に頑張ることができるし、効率を高めることにもつながる。だからこそ年齢や性別、家族の有無にかかわらず、すべての人に休みは必要だ。

フィンランドにいると、休みをとること、そして効率よく休みをとって日々の疲れやストレスを解消することの重要性を感じる。それには、職場や上司の理解や柔軟な対応も求められる。でも総じて、フィンランドにいると「人間、

休みは必要」と皆が理解しているのがとても心地いい。

第5章 フィンランドのシンプルな考え方

世界のトレンドはフィンランドの「シス」!?

２０１７年１月、世界最古の日刊新聞であるイギリスのタイムズに掲載された記事の見出しが、フィンランド人の度肝《どぎも》を抜いた。その見出しとは「グッバイ・ヒュッゲ、ハロー・シス：新たな北欧トレンド」というもの。

ヒュッゲというのは、もともとデンマーク語で心地いい時間や空間といった意味合いの言葉だ。幸福度世界トップクラスのデンマークや北欧のライフスタイルのキーワードとして２０１６年ごろから欧米で流行語となっていた。ヒュッゲな時間や空間から生まれる幸福感や充実感をもとめて、ヒュッゲの指南本は日本でも多く出版された。

しかしこの見出しの記事は、ヒュッゲはもう置いておいて、これから来るトレンドはシス（ＳＩＳＵ）だと語ったのだ。シスは、フィンランド語で、困難に耐えうる力、努力してあきらめずにやり遂げる力、不屈の精神、ガッツといった意味合いがある。ヒュッゲのような幸福感に満たされるフワッとした言葉とは全く違った、厳しさが感じられる言葉でもある。

記事には「今年、持つべきものはシスで、かなり来ている言葉」と書かれていたが、EU離脱など政治的にも様々な難しい局面を迎えようとしているイギリスにとって、今必要な精神性として捉えられたようだ。

フィンランド人からしてみれば、シスは昔からあった言葉で、他の外国語にはなかなか訳せないフィンランドの国民性を語るキーワードだと感じられているようだ。しかし、それがまさか海外の人たちに、トレンドワードとして紹介されるなんて夢にも思ってなかっただろう。

BBCやCNNも「シス」を紹介

しかも、このシスはその後も様々な海外メディアで紹介されつづけている。

例えば、イギリスのオンライン新聞インディペンデントは2018年2月の記事で「ヒュッゲは忘れて、シスに備えよう。最新の北欧トレンドの準備はいい？」といった見出しで、シスについて特集した。

また、BBCも2018年5月に、「シス：内に秘めた強さを表すフィンランドのアート」と題し、シスを掘り下げている。しかもこの記事の中には、シスが日本語の「頑張る」と通ずるものがあると書かれている。他にもフォーブスは2019年3月に「なぜ、ビジネスリーダーはシスを知るべきか」と紹介し、CNNやロサンゼルス・タイムズもフィンランドに関する記事でシスに言及している。

時を同じくして、フィンランドは国連の幸福度ランキングで1位と発表された。すると、ハッピーな国フィンランドの秘密は何だろうということで、ますますシスというフィンランド語が注目されるようになったのだ。

これに対し、フィンランド人自らも、あらためてシスを分析し、ライフスタイルと結びつけて海外に発信するようになった。ヘルシンキの空港の本屋を覗けば、英語で書かれたSISUに関する本が数冊見つかる。

ノキアのCEOも「シス」に言及

フィンランド人にシスとは？　と聞いて必ず出てくるのが、「シスは灰色の岩さえ突き破る」というたとえ。ある友人は「シスは仕事や、人生において、灰色の岩さえ突き破ってまでも、何かを成し遂げたいという強い気持ち。不可能に思えても立ち向かい、やり遂げてしまうこと」と言う。

他にも「仕事やタスクで時間の制約がある中、やってしまわないといけない時、とにかくやり遂げる。シスは逃げない気持ち。灰色の岩を突き破るように、困難があっても、すぐにはあきらめないこと」と別の友人は話してくれた。

だが、実はシスという言葉は、日本の「頑張る」と比較すると、圧倒的に使用頻度も低く、日常会話によく聞かれる言葉ではない。フィンランドでは「言葉にするよりも行動で示す」ことが伝統的に好まれているが、そのせいなのか、それともシスそのものによるものなのか、容易に口にして表明する言葉ではなく、内に秘められている気持ちといった感じだ。それでも、時々ビジネスのインタビューでシスという言葉を耳にすることがある。

ヨルマ・オッリラは、2004年ノキアのCEOだった当時、シスを使って会社の精神を紹介している。「シスの訳はガッツ。だが、忍耐の意味もある。

長期的な要素もある。様々な困難を乗り越える。この気候ではたくさんのシスがないと、生きていけないんだ」。彼の言う気候というのは、フィンランドの憂鬱で厳しい冬のことであると同時に、ノキアが置かれる競争の厳しい市場のことでもあった。

フォーブスの記事では、スタートアップ企業のフィンランド人CEOが、会社を設立してから今日まで何度もシスに導かれてきたと語り、起業当初になかなかクライアントが得られなかったり、困難が立ちはだかったりした時に周りがどんなに諦めろと言っても「諦めるのではなく、シスは時に天使にも悪魔にもなって決意と成功への意欲を与えてくれた」と表現している。

戦争でもスポーツでも「シス」

シスという言葉に注目が集まったのは、今が初めてではない。かつて戦争やオリンピックなどを通じて、シスはフィンランド人のアイデンティティーとして語られてきた。2度にわたるソ連との戦いで、国力も人口も大きく劣るフィンランドが激しく抵抗し、独立を死守した事実は世界的にも大きな驚きを持って伝えられた。

今でも、日本人を含む多くの歴史ファンの中には、この二つの戦争に耐えたフィンランドにロマンを感じる人もいる。そして、その激戦で発揮されたのが、フィンランド人が持つシスだとよく言われる。

実際、冬戦争後の1940年1月、すでにニューヨーク・タイムズが「シス：フィンランドを表す言葉」として冬戦争の戦いぶりと共にシスを紹介している。

スポーツの世界においては、戦争や独立の前からシスという言葉が少しずつ海外で知られつつあった。その理由は、フライングフィンと呼ばれる中・長距離走選手の活躍だ。日本が初めてオリンピックに参加した1912年のストックホルムオリンピックでフィンランドの選手は5000メートル、1万メートルなどで三つの金メダルを獲り、その後のオリンピックや世界選手権でもしばらく中長距離はフィンランド人が表彰台の常連だった。過酷な中長距離を走りぬくフィンランド人ランナーの強さの秘訣として、シスの言葉が使われるようになった。
中でも、1972年ミュンヘンオリンピックの1万メートル決勝でのラッセ・ヴィレンの走りは、シスを体現しているとして今でも動画がSNSで拡散されている。どんなレースだったかというと、ヴィレンは12周目にベルギー選手と接触し足がもつれ、転倒。先頭集団から離されてしまう。しかしその後追いつき、残り600メートルになったところで、ラストスパートをかける。結果、トップでゴールを切り、金メダルを獲得した。今でも大きな大会でメダルをとると、フィンランド人選手たちは、「シスで走った」とか「シスで厳しい練習に取り組んだ」などとコメントする。

仕事も、家庭も、趣味も、勉強も貪欲に

「自分の人生や日々にシスは感じられるか」とフィンランド人と話をしていた時、ある50代の女性は「私は今までいろんなことをシスでやり遂げてきた」と語った。

実際、彼女は二人目の子どもの産休・育休中に大学でプログラミングの勉強を始め、育休後にソフトウェア会社に転職した。その後、子どもを二人抱え、ご主人は出張が多くてほとんど家にいない中、終日仕事をして、さらに大学の卒業論文を書き、留学生との交流も週1ペースでしていた。さらに、スポーツも好きで、週末になれば体を動かし、大会にも出場していた。近くで見ていて、どうしてそこまでするのだろう、と不思議に思ったこともある。

しかし、彼女が特別すごいわけでもなく、仕事も、家庭も、勉強も、趣味も貪欲に追い求めている人は男女問わず少なくない。その彼女も45歳を過ぎてさらに勉強に勤《いそ》しみ、修士課程と教員課程を取得した。教員課程は実習や様々なレポート提出が必要で忙しくなるため、その1年間は休職して勉強に励んだ。「勉強してどうするの?」と聞くと、「引き出しは多く持っていたいから」と答えが返ってきた。彼女はこの「引き出しを多く持つ」という言葉が大好きだ。もともと新しいことを学ぶことも好きだったようだが、常に人生の選択肢や自分の振り幅を広く持ちたいと感じているようだ。

こんな風に、フィンランド人の、特に女性の貪欲さに驚かされたことは、一度だけではない。大企業の事務として働く友人女性は、男の子二人を抱え家庭と仕事で日々忙しいながらも、趣味のスポーツと語学の勉強をあきらめることなく、マイペースながらずっと続けている。自分のやりたいことや夢に向かって、年齢や環境に関係なく常に前進している姿はすがすがしいし、その精神力には頭が下がる。

もちろんそれは、ワークライフバランスがとれていることや、周りの理解、そして家庭でも男女平等がある程度実現できているからではある。だが、それ以上に「〜だから、しない」ではなく、「〜をしたいから、する」というポジティブで、貪欲に生きている姿はかっこいいし、やはりこれも一つのシスなのかと感じる。

「シス」は自分の強い気持ち

シスに関する感覚はフィンランド人でも多少のバラつきがある。仕事でなんとか締め切りに間に合わせるために努力した話や、仕事がうまくいかなかった時、諦めずに他のやり方を考え続けて大逆転した話など、身近にシスを見出す人もいる。

一方で、シスという言葉を容易に使いたくない人たちもいる。よく、シスの例として厳しい気候条件の中のフィンランドの暮らしが紹介されるが、それは決してシスではないと言う友人たちもいる。

ある友人は「シスには必ず、不可能とも思える困難だったり、かなり難しい課題が前提としてある。それに対して不可能を可能にするのがシスなのだから、そんな容易なことでは使えないし、使っちゃいけない」と言う。

別の友人も「私の今までの人生で自分に、シスがあると感じられた出来事は何もない。学生時代、どんなに寒く、吹雪でも毎日1時間歩いて学校に通っていたけれど、それはシスではなくてそれしか方法がなかったから。車も運転できないのだし」と冷めた口調で言う。

ただ、一つみんなが口を揃えて言うのは、シスは自分の強い決意や気持ちだということだ。「誰かに強制されるものではない。自分がそうしたいからする。誰かの期待のためだけにしているのとも違う。それに、プレッシャーをかけるのは自分であって、自分が望む形のため努力しているだけ」。

その一方で、「シスは、頑固や無理のしすぎとも紙一重。弱さを受け入れられず、ただただ頭を壁に打ち付けてしまうリスクもある。時にどんなに頑張っても、石を砕こうとしても、ダメな時もある。そういった時には、助けを求める勇気を持つことも必要だ」と友人たちは語る。

自力でどうにかする

フィンランド人がそれをシスと言うかどうかはわからないが、周りにあまり頼らず、自分の気持ちに従って、最後までやり遂げる自立した気質は、日常生活のあちこちで感じることができる。

例えば、フィンランドに留学しようと思った時、私が一番困ったのが留学をあっせんしてくれたり、相談にのってくれるところがないことであった。アメリカやカナダなどの学校は、日本語で情報が掲載されていたり、マッチングや相談機関、手続きを代行するところもある。

フィンランドの場合はほとんどないので、自分で学校を調べ、資料を取り寄せて、わからないながらも手続きをしなければならなかった。そのことでフィンランド人に不満を言ったことがあるが、その時に「どうして？　情報もあるし、自分で調べて行動すればいいだけじゃない」と言われた。まさにその通り。インターネットにも各学校にも情報はきちんと用意されている。自分で決めて、行動にうつすだけでそれほど難しいことではないのだ。

だが、どうしても日本で生まれ育っていると、すべて準備されて、おぜん立てされていることになれてしまって、誰かがアレンジやコーディネートをしてくれないと不安に思ってしまう。

全て個人に委ねられている

それは、留学後もそうだ。いろいろと困った時に相談できたり、世話係的なチューターはいるが、授業の履修をどうするか、どういった授業、単位を取るかは個人個人の判断に任されていて、誰もモデルプランを作ってくれるわけでもないし、枠組みも作ってくれない。全て個人に委ねられているのだ。よく言えば、非常に自由で、柔軟。ただ、悪く言えば非常に放任主義。

つまり、フィンランドでは進路も、授業の履修も、就職活動でも、誰かに頼るのではなく、能動的に動くことが当たり前で、それを強く求められているのだ。例えば、フィンランドでは中学生ごろから長い夏休みにアルバイトをする人が多い。アルバイトも大学生のインターンシップも、就職も探すのは自分。学校や大学が斡旋《あっせん》してくれるわけでもなければ、日本の就職・転職サイトのようなサービスが発達しているわけではない。

気になる企業のサイトや家族、知人のつてなどを通じて、情報を集めて様々な企業にアプローチする。就職についていえば、みんな一斉に活動するわけではないし、日本のような就職説明会が開催されるわけではないから、地道にトライすることが求められる。

人生設計もみなそれぞれ

義務教育を終えたころから、道は一人ひとり違い、勉強するのも、社会に出るのも、生活も皆一斉スタートではなく、自分次第。社会人から学生に戻る人もいるし、家族を早く持つ人、後から持つ人、人生設計は千差万別、誰かと比べることは困難である。

以前、フィンランドの大学で教えていた日本人講師が面白いことを言っていた。日本で教えると、研究に関して一つ一つ細かく手順やテーマなどを、段階を踏んで学生に伝え、褒めることで、学生は励む。だがフィンランドではおおまかなやり方とテーマを与えるだけで、自分で考えて進めていく。ある意味楽だけれど、そのぶん勝手な方向に行きやすいし、後から修正が難しい、と。

さらに身近にいるフィンランド人のインターンも、やってほしいことを伝えておくと、自分でやり方を調べて考えて進めていく傾向がある。何でも聞いていいよと言っていても、手取り足取り教える必要性はほとんどない。全て聞きながら慎重に進めるのと、とりあえず自分で考えてやってみるのと、どちらがいいとか悪いとかではなく、こういったことは普段の生活などで染みついた違いなのだとつくづく感じる。

　私自身は、なんでもお膳立てしてあって、ある程度レールが敷いてある日本のやり方はやはり素晴らしいと思うし、楽だと感じる。しかし、それに慣れすぎるとその型から外れることのできない紋切型になってしまう危うさもあると感じる。

考えるより、行動あるのみ

　フィンランド留学当初、ルームメートだったフィンランドの友人に「今、海外で暮らすというとても面白い経験をしているんだから、それを文章にして、日本の新聞や出版社に売り込んだほうがいいよ！」と言われた。その時は「そんなことできない」と思ったが、彼女が実際そうしてチャンスをつかんでいるのを目の当たりにして、自分も記事の連載や、出版という道に進むことができた。

周りが、どんなに断られていてもめげずに履歴書を送りまくって研修先や就職先を見つけようとしているのを見て、私もいろいろな人にアピールしまくって、研修やアルバイト先を見つけた経験がある。とにかくウジウジ考えているよりは、行動あるのみ。自分で情報を集め、常識や型にとらわれず、自由に行動することの大切さをフィンランド人から学んだ。

そして、このように頼らずに自力でやることとは、決して困難ではなく、むしろ楽しみでもあるかもしれない。なにしろ、自分の好きにできて、達成感も生まれるからだ。フィンランド人であっても周りと自分を全く比較せずに生きていくことは難しいが、やり方も生き方も、みんなと一緒である必要がないことは、精神的に救われることも多い。

家づくりも自分たちで

就職活動も旅行も「自力でやるほうが楽しいからやってることもあるのよ。全てが準備されている道よりも、自分で調べて模索して、自分で行動したほうが、ぜったい楽しいし、達成感もあるでしょ」とフィンランドの友人は言うが、その究極の形が家の改修や家づくりかもしれない。

フィンランド人はＤＩＹが好きで、ちょっとしたペンキ塗りや壁紙の張り替えは朝飯前。リビングやキッチンの大幅な改造や水回りの設備の交換、さらに家を新しくつくることまで自分たちでやってしまう。

家を建てるなんて、すごい以外の言葉がでてこないのだが、これもフィンランド人の友人からするとシスでもなんでもなく、一番の理由は「だってコストが全然違うから。キットを購入して自分たちでやったほうが断然安上がり」だと言う。そのうえ、自分でやると時間はかかるが、その達成感は計り知れない。それに自分で考えて体を動かすことでそのプロセスを楽しんでいる様子もうかがえる。

フィンランド語でリノベーションのことを「レモンティ」と言うが、長い夏休みに何をするの？　と聞くと、「レモンティ」と返ってくる割合はとても高い。子どもの時から自分の親や親せきがそうやって直しているのを見てやり方を学んだ人も多いが、ＤＩＹの得意な友人や親せきが必ず周りに一人はいるので、その人にアドバイスをもらったり、今はネットなどから情報を得たりもしているようだ。フィンランド人の友人の家やコテージに遊びに行くと、「去年レモンティ中だったところがようやく完成したよ」と自慢げに披露してくる。

一人暮らしの女性であっても、レモンティに無縁な訳ではない。フィンランド人は定職を得ると、わりと若くともマンションなどを購入するが、通常中古の部屋を購入。そのあと、家族や親せき、友人の手も借りながら壁紙を張り替えたり、風呂場やキッチンなどをきれいにしたりして、自分の好きなように変えていく。それはまた新たな付加価値となって、買い替えの時にはプラスに作用する。

自分たちの手で変えていくことは、多少は面倒でも、大変というよりは楽しく愛着の湧くプロセスでもあるのだと感じさせてくれる。

「シス」は幸福のカギ？

はたして、フィンランドの幸福度の秘訣に「シス」は関係あるのだろうか。それには多少違和感を覚えるフィンランド人も多い。それはシス自体が、幸福度とはストレートに結びつかないからだ。

だが、国として独立を維持するのには、長年の闘いがあったこと、敗戦の痛手を負いながら、幸福度につながる福祉国家としての制度を計画し実現していくには、多くの困難に立ち向かう気持ちや、努力、諦めない気持ちが必要だったことは明白だ。そういった気持ちはシスに通じる。

だが、シスに似たようなタフさ、諦めないこと、挑戦する気持ちを表す言葉やコンセプトは決してフィンランドに限ったことではないはずだ。あるフィンランドの友人も「フィンランドならではの言葉と言われるけれど、シスは他の国の人たちにも見られると思う」と言う。

どこの国にも自然環境や歴史から培《つちか》われてきた肉体的、精神的な強さや力を表す言葉はあるだろうし、それを体現している人や出来事もある。私自身、日本人としてシスが日本の精神性にも通じるものだと感じるし、比較的理解しやすいコンセプトだと思う。日本も厳しい自然災害に常にさらされてきたし、戦争など悲惨な出来事も経験している。それでも現実を受け入れて、耐えて、頑張ってきた国民性はある意味シスなのかもしれない。

いずれにしても、フィンランドは今、経済的にも、政治的にも安定した時代にある。人生の中ではそれぞれシスを感じることはあるかもしれないが、以前のようなフィンランド人を一つにまとめる接着剤の役割を担っていたシスの存在価値は、少し変わってきているのかもしれない。

実際、普段の生活ではシスを感じるよりも、シンプルで、心地いい、フィンランド語で言う「ムカヴァ」(mukava)なひと時のほうが多く感じられる。フィンランドの日常生活は日本人から見ると、たとえ仕事に家庭に勉強に貪欲に追い求めていても、どこかリラックスした空気が流れている。

シンプルで心地いい生活

フィンランドのデザインや建築を語る時、よく感じるのはシンプルで機能的。派手な美しさを追求したというよりも、スッキリとした自然な美。そして使っていて便利だったり、頑丈だったりもする。それはフィンランド人の暮らし方や働き方にも感じることができる。

家に行くと、それほど広くはない部屋に必要最低限の家具が置かれ、スッキリとしている。物もそれなりにあるのだが、収納をうまく使い、余分なものは置かない。子どもがいても、いろいろとおもちゃが広がっているのは子ども部屋だけ。他の部屋はシンプルなままだ。

職場も、今は極力ペーパーレスになったこともあり、書類で山積みの机を見ることは少ない。たとえ個室でなくとも一人ひとり、スペースにゆとりがあり、色遣いや家具の統一感も考えられていて、気持ちのいい空間が作られている。

またシンプルで心地いいのは空間だけではない。その働き方やライフスタイルもまたシンプルだ。朝起きて、さっと簡単な食事を済ませて出勤。通勤時間は平均20分ほど。通勤手段は、首都圏であれば地下鉄や路面電車、バスなどあるが、それ以外は主に車だ。最近は、通勤時間を運動にあてるため、自転車や徒歩の人も中にはいるが、冬が長いのでやはり天候を考えると車が一番便利だ。

思い思いの時間に出社して朝礼などもなく、お昼もサササッと食べて、前述したように、残業はせず、夕方に仕事を終える。その後は、家に帰って趣味やスポーツをし、夜はたっぷり眠る。

外食や夜出かけることも多くない。そもそもヘルシンキ市などの大都市の中心地に住んでいれば別だが、家の近くにショッピングセンターなどの商業施設やスーパーがあることは少ない。コンビニやレストランもなく、外食は値段も高いため、特別な理由のある時にしかしない。

子どもがいる家庭は、送り迎えや家事に追われるが、日本ほどきっちりと料理を作ったり、お弁当を作ったりする習慣はない。一品料理や、パンなど、シンプルすぎると感じるほどの食事で済ませる人も多い。子どもの離乳食においては、自分で手作りすることは少なく、瓶詰の市販のもので済ませるのがほとんどだ。

職場でも、シンプルで心地いい服を

洋服だって、2〜3日同じ服を着ていても何も言われないし、見た目よりは季節に対応し、機能性の高い服が好まれる。確かにマリメッコなど日本でも知られるブランドはあるが、おしゃれで可愛い、もしくは格好いいファッションの人はほんのひと握りだ。おしゃれ好きからすると、時にはそれは寂しくもあるのだが、シンプルでとにかく心地いいことは否定できない。

たとえ仕事の場面でも、女性の化粧や、ヒール靴を求められることは少ない。特に冬になれば外はマイナス10度、20度になり、路面もツルツルだ。スカートやヒールで外に出ることは不可能だし、毎回着替えや履き替えの靴を持ってくるのもあまり現実的ではない。逆に、日本と同じく家では靴を脱ぐ習慣があるフィンランドでは、オフィスで心地いいサンダルや裸足で過ごしている人も見かけられる。

化粧にしても、服装にしても周りからのプレッシャーはなく、清潔感があれば、あとは本人が心地よく、自分が好きなようにして構わない。髪形やネイル、アクセサリーも自由だ。

男性もそれは同じで、スーツやネクタイは必ずしも必要ではない。以前、日本に出張でやってきたフィンランド人が、日本のお客様の前ではスーツを着る必要があると知り、「スーツを着るのなんて結婚式以来かも。クローゼットの奥から引っ張り出してきたよ」と恥ずかしそうに着ていたのは忘れられない。

もちろんホテルや航空会社、医療系などは制服や身だしなみが問われるが、ビジネスファッションのルールは、日本よりもはるかにゆるい。教師、公務員、営業職であっても、ジーンズをはじめカジュアルな服装も、髪の色も、刺青の有無も気にされることはなく、それぞれの個性として受け止められている。

偏差値や学歴で判断しない

フィンランドは教育が世界的に知られているが、面白いのは、偏差値が存在せず、大学名などで「頭の良い人」「私よりも上」とか「下」といった上下関係を作らないことだ。

義務教育も、その後の高等教育も公立学校ばかりで、通常家から通いやすい学校に行く。中には特別に音楽を勉強したい、スポーツをしたいといった理由で少し離れた特別な学校を選ぶこともあるが、レベル的なバラつきは少なく、地域差もない。日本のような高校受験はなく、選抜基準は中学の時の成績による。特別な高校や人気の学科に行く時だけ、レベルテストなどがあったりする。大学もA大学だからすごいとか、B大学だからAより劣る、といったことは一切ない。全ての大学の中身が一緒なわけではなく、Aには医学部があっても、Bにはない、といったことがある。だから入りたい学部や研究内容、通いやすさ、住みたい街といった基準で大学を選ぶ。

さらに、フィンランドには職業高校や、応用科学大学と呼ばれる職業専門大学があるが、それが普通高校や総合大学に劣るかと言うと、そういう訳ではない。事実、最近は就職に有利だという理由で職業高校、応用科学大学は人気だ。

それに、その道に進んだとしても、後から総合大学に入って修士、博士をとることもできるし、実際仕事をしながらでも、学問を追究する人はいる。

学校名によるレッテルがないことは、とても心地いい。これは私の反省でもあるのだが、私たちは人を見る時、はじめは表面的な部分で見てしまう。特に日本にいると、〇〇大学という大学名がその人を見るバイアスになってしまう場合もある。また、それは人格形成に大きな影響を与えることもあるのではないか。どこか自分やきょうだいにコンプレックスを感じたり、親が自分の子どもに対して過度の期待をしたり、その通りにいかないと勝手にがっかりしたり。

フィンランドにいるとそういった学校名のレッテルがないので、とてもシンプルにその人の本質を見ようとするし、対等でありたいと思える。個人が何を学び、何を選択するか、もっと自由に考えられる。

それに、職場で出身大学による派閥というのもあり得ない。大学の同窓会やネットワークはあるが、先輩、後輩関係や研究室のしがらみが薄いフィンランドでは、仕事をしていて大学名を問われることもなければ、出身大学を意識するような時もない。

人間関係もシンプルで心地よく

フィンランド人は人に頼ることが少し苦手で自立した人たちだが、助けを求められて冷たく突き放す人たちでもない。自ら手を差し伸べて助けてくれることはなくとも、頼られればできるだけそれに応えようとする。だから親切の安売りをしたり、感情豊かに表現したりすることはないが、慣れると信頼できる人たちだと感じられる。

以前、私が知人を亡くし、落ち込んでいた時、一緒に泣くわけでもなく、慰めの言葉をたくさん並べるわけでもなかったが、「それが人生」と冷静にひとこと言い、泣いてる私を放っておいてくれた。最初は冷たいなと思ったが、そう言ったのは彼女だけではなかった。フィンランドの友人がみんな冷静に受け止めて「残念ね、お悔み申し上げます」に続いて「それが人生」と言い、過度に感情を表すわけでもなく、変に励ますのでもないのが、不思議でもあり、最終的には心地よくもあった。

　他にも、誰かが失恋した時、誰かが子育てで悩んでいる時、病気がわかった時、どうしても都合が悪くて家族の冠婚葬祭に参加できなかった時、仕事をクビになった時、「それが人生、仕方ないね」とあまりにも本人も周りもあっさりしていて、戸惑う時がある。

　この戸惑いはなんだろうと考えると、日本は共感を示すことを強く求められているからではないかとの結論に行きつく。本人と一緒になって、怒り、悲しみ、悩み、考える。だが、フィンランドはどちらかというと「そっか」と静かに受け入れて、余計なことはあまり言わない。

コミュニケーションもシンプルに

　そういった、一歩引いた人間関係は、おもてなしのコンセプトにも現れている。フィンランドは、相手に選択肢を与え、自由な時間と空間を与えることが最高のおもてなしであると考えている。慣れないと、とまどいを感じるかもしれないが、その背景にある考えを知ると、心地いい。ベタベタ密着した関係よりも、深呼吸ができる、スペースのある人間関係が求められている。

だから、何か話した時に、「うん」と聞いてはいても、大きく感情を表したり、言葉をかけたり、変に同情することもない。でも、言葉はなくとも否定されているとは感じないし、そのあっさり感もなかなか心地いい。

ただ、このコミュニケーションスタイルは、日本人にとっては慣れるまでが結構大変だ。日本だと口数は少なくとも、相槌を打つことで「聞いているよ」と表現しているが、フィンランドはその相槌すらとても少ないか、ほとんどないのだ。「本当に聞いているの?」と疑問に思うこともある。

でも、フィンランド人からすると、きちんと目を見ているし、「あなたの話を聞いていて、自分の話す番が来ることを待っているだけなのに」と思っているそうだ。ただ、自分が話し終わったとしても相手が何か言うとも限らないのがフィンランド人だ。彼らは沈黙を好む人たちでもあるからだ。

日本人もどちらかというと沈黙を好み、あまり多くを語らない。そのせいか、フィンランド人は「ビジネス交渉や、プレゼンでも、日本人が相手だととてもやりやすいよ。ずっと話していなくてもいいし、日本の人たちも静かに最後まで聞いてくれるから」と言う人が多い。日本でプレゼン後に質問がなかなか出てこない時も「フィンランドと同じだね。質問がないということは、良かったってことかな」などと言って、満足している。

また、フィンランド人は褒められることも、自慢することも少し苦手だ。ビジネスにおいても、いいものがあるのにアピールするのが今までは下手だとあちこちで言われていた。最近は時代が変わり、アピール上手になってきたような感じはするが、相変わらず強く褒められると居心地が悪くなるようだ。

以前、本を出版したフィンランドの友人が、北米の人たちに「素晴らしい！」と絶賛されていたのだが、どんどん友人の表情は曇っていき、うつむいてしまった。後になってその理由を聞くと「こんなに褒められたら気持ち悪い。どうしていいかわからない」と言っていて、思わず笑ってしまった。

名刺の代わりにがっちり握手

さらに、フィンランド人のコミュニケーションでよくジョークのネタにもされるのが、パーソナルスペースの広さだ。数メートル間隔でスペースをとりながらバス停に人が並んでいる写真は、世界中に配信された。

普段もビジネスの世界でも、人との距離は広めにとり、あまりベタベタもしない。チークキスはなく、ハグは友人や家族に限られる。その分、男女問わず、握手を多用する。

特にビジネスでは、最初に名刺交換をする代わりに、自己紹介をしながらガッチリ、目を見てしっかりめの握手をする。その時に弱い握手だとやる気がないとか、興味がないように思われるのでしっかり握ったほうがいい。多くを語らなくとも、パーソナルスペースが広くとも、それほどまだ密接な関係を築いていなくとも、握手をしたら相手を信頼する。実際、ほとんどの場合、誠実で信頼できるのは、フィンランド人の良さだ。

さらに、フィンランド人は家やサウナに人を招くことがよくある。外食が高かったり、選択肢があまりなかったりということもあるが、家でゆっくり時間を過ごしてほしいという、おもてなしと相手を信頼する気持ちの表れでもある。そんな時、食事でもてなすというよりも、コーヒーやお菓子でもてなしてくれることのほうが多い。それに宿がなければ、ここに泊まってと部屋を提供してくれる。特に贈り物をする必要もないし、肩ひじはらずに受け入れたり、受け入れられたりする。

その一方、フィンランド人は一人の時間も楽しむ。パーティー好きのフィンランド人の友人がある日こう言った。「孤独と、一人でいることは違うの。一人でいること＝孤独ではなく、静かに一人の時間を持って深呼吸することは、誰にでも必要なんだと思う。それは決してネガティブなことでもなくて、むしろ心地いいこと。だから私も時々一人になって、深呼吸してのんびり過ごす時間を持つようにしている」。

サスティナブルは欠かせないコンセプト

シンプルで心地いい生活を楽しむフィンランドで、最近毎日のように聞こえてくる言葉がある。それはサスティナブル（持続可能性）。サスティナブルなファッションにサスティナブルなデザイン、サスティナブルな旅にサスティナブルな国づくり。なんとなくわかるようで、わからない言葉ばかりだが、このサスティナブルはフィンランド人のライフスタイルから政治にいたるまで、欠かせないコンセプトになっている。

例えばファッションで言うと、最近の洋服やアクセサリー、雑貨のブランドは、リユースや、エコに配慮しているものが多い。私が愛用しているTAUKO《タウコ》というブランドのスカートは、病院などで使われていたシーツをピンクに染めて、ユニークな形に裁断しておしゃれな洋服に作り直したものだ。冬に愛用している雪の結晶の形のピアスは、廃材となっていた楽器のシンバルから作られたもので、社会にうまく適応できない人や障がいを抱えた人たちの作業所で作られた。私の場合、いずれも社会貢献のためと言うよりも、最初にデザインに惹かれ、購入したものばかりだ。

他にも、ヘルシンキの街中の店舗には、環境に配慮した素材や工法で作られた洋服や、廃材から作り直したバッグやアクセサリーが溢れている。最近では、そういったブランドがデパートでも取り扱われるようになってきて、無理に探さなくとも街を歩けばすぐに目に入ってくるほどになってきた。

だが、たとえリサイクル素材を使っていたからといって商品の値段は決して安くはない。それでも売れるのは買い手側、消費者側も成熟してきて、エコに対して非常に意識が高くなってきているからと言えるだろう。つまり、エシカル、循環型というのが十分に製品の付加価値となり得るのだ。

さらに、昔からある既存のブランドも、生産地や、製作工程でいかに環境に配慮した形で作っているかをアピールするようになった。それは社内のペーパーレス化やこまめな電気代節約といったもの以上に、俯瞰《ふかん》的にビジネスを検証することでもある。

つまりたとえ製造自体が海外であっても、そこで働いている人たちの労働環境にも配慮し、素材にこだわり、染料にこだわり、地球環境に配慮した製作工程というのは、値段やデザインと同じぐらい、消費者にとって選択の基準の一つになってきている。

それはファッションだけに限らない。家具、機械、製品がなんであれ、生産工場の熱源はどこからとっているのか、原材料に無駄がないか、生産過程で二酸化炭素や廃水など環境に負荷のかかるようなことはないのか、輸送方法はどうか、と消費者やビジネスパートナーの目は厳しい。だからこそ、生産者側もサスティナブルなビジネスモデルや、エシカルな部分への配慮を強く打ち出すことが今の世界で優良企業として認めてもらうには必要となる。

こういった再利用やリサイクルというと、昔はもったいないとか、節約の精神で主に高齢者が熱心にやっていたイメージがあるかもしれないが、今は若者が環境や気候変動、サスティナブルといったことに非常に敏感になっていて、大きなムーブメントを起こしている。

フリーマーケットやシェアリングが人気

そもそもフィンランドには、昔から中古品を利用したり、質のいいものを大切に長く使う精神がある。私の通っていたユヴァスキュラ大学には、「サバイバルキット」と呼ばれる留学生向けに必需品を貸し出す制度があった。留学生向けのアパートには、基本的な家具はあっても、布団やキッチン用品などは各自が用意することになっていた。

ただ、短ければ3か月、半年しか滞在しない留学生や、この国にやってきたばかりの外国人にとっては、すべて揃えるのにはお金も時間もかかる。私自身は複数年滞在したが、いろいろと物を揃えるまでの最初の1年は、このサバイバルキットのお世話になった。到着した日から布団があり、自分用の食器があり、簡単な料理ができる鍋やフライパンがあるのは、とても心強かった。このサバイバルキットは返却後、また他の留学生に貸し出される。

さらに留学当初から継続してよく利用していたのが「キルップトリ」。フィンランド語でフリーマーケットである。街中に何か所か常設のフリーマーケットがあり、郊外にはかなり大規模のものもあった。

私自身は大学のすぐ横のNPOが運営している常設のマーケットをよく覗いていた。時には掘り出し物の洋服や雑貨を見つけることもあった。当時のルームメートは裁縫が得意だったこともあり、気に入った柄のカーテンや生地を購入して、そのルームメートによく洋服や小物に作り直してもらっていた。

工具やノルディックウォーキングのポールなど、たまに何かが必要な時、知り合いに聞いてみる他に、図書館に聞くのもフィンランドでは有効だ。図書館で借りられるものは本だけではない。楽譜、CD、工具、スケート、ノルディックウォーキングのポール、音楽室、市民が必要になるかもしれないものの貸し出しサービスも充実している。

すでにあるものを大切にする

フィンランド人の普段の生活を見ていても、昔からあるものを大事に使ったり、友人や親せきなどのネットワークを駆使して、できるだけ新しいものを買うのではなく、あるもので対処しようという姿勢が見えてくる。

例えば、新学期の季節、大学や就職などで実家を離れて遠くに暮らす時、日本だと単身用の家具やら電化製品一式を購入する人も多いだろう。フィンランドも最近の学生アパートなどは、冷蔵庫やコンロはついていても、家具はついていないところもたくさんある。もちろん、フィンランドでもイケアなどの安めの家具メーカーで新しく揃える人もいるが、多くは実家や親せきから余っている家具や自分が使っていたものを、車に積んで自分たちで運んでくる。

食器などは、安いものを購入するよりも、日本でも知られているアラビアやイッタラ、ペンティックなど安くはないが長く使えるブランドのものを持ってくる。そういった高級品は、親せきから入学祝い、卒業祝いとしてプレゼントされることも多い。だから、大学生であっても、友人の部屋に行くとプレートはアラビアだったり、コップはイッタラ、ナイフやフォーク、鍋などがフィスカルスと、驚くほどいいもので揃えられていることも珍しくなかった。このように少し高めのブランドも、学生の日常使いに浸透しているところが、面白い。

さらに、10代、20代の若者に、初めから一生使えるいいものをプレゼントするのも、粋だと感じる。

自社商品を買い戻して販売するメーカーも

自社商品を買い戻して販売するユニークな取り組みをする企業もある。観光客に人気のヘルシンキ中心部にあるデザインディストリクトとその周辺には、アンティークショップやセカンドハンドショップも複数ある。

中でもフィンランドを代表する家具メーカーのアルテックが運営するArtek 2nd Cycleでは、アルテックのセカンドハンドいわゆる中古品が販売されている。30年代に作られた椅子や、60年代の照明、決して新品にはない味のあるものばかりだ。アルテックはフリーマーケットや古い工場、学校、造船所などから、使い古されている自社の家具を探し出し、買い取っている。

年月を重ねることは、古くなり色あせることではなく、新たな魅力と価値が加わることとして、経年変化を劣化ではなく成長・発展と捉えている。それは、ある意味、年月を経ても変わることのないアルテック製品の品質と色あせない魅力を実証することでもあり、メーカー自らがいつまでも使い続けていくことの大切さを伝えている。

シスといった硬派で諦めない強い気持ちと、ムカヴァという言葉で表されるシンプルで心地いいライフスタイルを持つフィンランドでは、強制されるわけでも、決して我慢や無理をするのではなく、遠い将来を見据えてサスティナブルな社会づくりが進行している。

第6章　フィンランドの貪欲な学び方

仕事とリンクする学び

　フィンランドの働き方をここまで紹介してきたが、もう一つ大切な強みがある。それは、専門性や高度なスキルを持った人材とそれを支える教育や研修だ。例えば、フィンランドで今、ＩＴ技術を利用したスタートアップが増えているのは、専門知識を持った優秀なエンジニアが数多くいるからで、彼らが大学や企業で培った知識と経験がスタートアップに活かされている。

　フィンランドではもともと卒業してすぐに職場で即戦力として働けるよう、職業高校や専門職大学に進む人も多い。看護や社会福祉関連の職業、電子制御、プログラミング、設計、エンジニアリング、機械のオペレーター、料理や美容などのサービス業など、学べる職業の幅は非常に広い。こういった専門職大学は総合大学と違って、みっちりと授業があり、現場での実習に多くの時間が割《さ》かれている。

　私も以前、職業専門学校に招かれたことがある。家政の学校では、一緒に日本の家庭料理を作ったり日本の文化について話したりした。学生たちは料理や清掃、介護などの仕事を将来の視野に入れて学んでいたが、すぐに就職というよりは、何の仕事をしたいのかわからないので、ここで学びながら先を考えている学生が多かった。その後、調理、経営、介護や保育といったより高度な専門職大学を選びそれぞれの道に進んでいくらしい。

美容の学校では、美容師やメイクアップアーティストを目指す友人たちに依頼され、学校でモデルを務めた経験がある。アジア人の顔のつくりや、肌の色、髪質はフィンランドでは珍しいので、いつもと違っていい練習になるそうだ。「うわ、髪が太いのね」とか、一重のまぶたを見て「アイシャドウをどこにのせればいいのかしら」などと言われながら、ものすごく時間をかけてカットやメイクが行われた。結果はとても満足のいくものではなかったが、今では笑い話として思い出に残っている。

他にも英語で学ぶ国際経営の専門職大学コースで日本について語ったこともある。ここを卒業すると経営学の学士が取得できるが、仕事をしながらさらに上の修士を目指して総合大学に編入する人もいる。

総合大学に行く場合は、授業料が無料で、住居費や生活費も支援されることもあり、多くが修士取得まで勉強を続ける。教師や弁護士、建築士などは医師と同じく大学のその学部に入った時点で将来がある程度決まる。さらに役者を目指す人は、狭き門である演劇学科のある大学に、報道を目指す場合はジャーナリズムの学科のある大学にと、総合大学でも学部と仕事が直結しているものもある。しかし、経済学部、商学部、工学、化学、情報、などは専門職大学ほど仕事にリンクはしていないし、中身も細かくない。なんとなく将来役立ちそうだから経済学部に、と明確な目標がないまま学んでいる人もいる。

それでも授業自体は少人数で、より実践ベース、ワークショップやプロジェクトワークもする。私がコミュニケーション学部で勉強した時も、大学に新しくできた施設を紹介する冊子や、広報誌を授業で作成した。修士論文も、企業や団体の依頼を受けて執筆するものが多い。また、夏休みに仕事をしたり、半年の長期研修に参加したりする学生も多いので、仕事と勉強の間に完全な線がひかれているわけではなく、それぞれがリンクし合っている感じだ。

学び続けてステップアップ

また、大学、職業学校、専門職大学、さらには地域の学習センターなども社会人向けの短期から長期の安価な講座を多く用意し、仕事や資格を得た後でも、さらに専門性を高めたり、新たな資格をとったりすることができる。転職や昇進に役立てるために勉強する人も多い。

例えば、保健師であれば、簡単な処方箋が書けるような資格や、精神的な病気を抱えている患者への対応などを学んで専門性を身につけることで、仕事の幅が広がる。専門職大学で講師を務めることになった友人は、「人に何かを教える」には教育学の知識も必要だとして、自分の専門分野とは別に教育学や教師養成の勉強をした。

このように必要に応じてその時その時に新たなスキルを学んで積み重ねたり、継続した学びをしている人はフィンランドに非常に多い。私の周りにも、50歳近くになって、全く違う分野から手に職をつけたいと保健師になった友人もいる。子育ての経験もあるし、健康分野は自分の関心が高い分野なので、活かせると思ったようだ。

農業に見切りをつけて、40歳を過ぎて高校から通い直した別の友人は、自分の子どもと同じ時に高校を卒業。その後大学に進み、薬剤師になって薬局で働いている。彼女は、転職を決めた時にあっけらかんと、「まだあと20年以上は働けるから」と明るく語っていた。薬剤師になった後も、オンライン講座や専門家向けの研修に参加して医療や薬の知識をアップデートしたり、対人スキルを磨いたりしている。彼女のご主人は、農家を辞めた後に、森林ビジネスの勉強を40歳を過ぎてからして、友人たちと会社をおこした。

シングルマザーで再婚、離婚をする10数年の間に、勉強を続けて保育士から看護師、心理士の資格をとり、45歳を過ぎた今、性科学を学んで青少年向けのカウンセラーになった友人もいる。

マーケティング一本でやってきている大学時代の同級生は、ご主人と二人の子どもを育てながら、時々大学で様々なブラッシュアップ講座を受講して、自分の能力を高めている。大学時代、隣人だった男性は、機械エンジニアとしてエンジニアリング会社で働いていたが、不況のあおりで失業。その後、より高度な機械設計の勉強をして再就職をはたした。

二人に一人は、転職の際に新たな専門や学位を得ている

フィンランドの学びには終わりがないが、それは再チャレンジの可能性に溢れていることも意味している。年齢や性別に関係なく、自分を高めていくことができるし、やり直しもできる。この点は、わたしがフィンランドで一番感動したことの一つである。再就職や転職において、年齢が全く不利にならないとは言えないようだが、教育がそれをある程度カバーしてくれ、公平にきちんと評価してくれる土壌がある。

Sitra《シトラ》（フィンランド・イノベーション基金）が行った雇用調査2017によると、就労年齢人口の10人のうち6人は、これまでのキャリアの中で他の職場もしくは、全く違う分野に転職している。そのうち二人に一人が転職に際し、新しい専門性や学位を取得しているそうだ。学びには価値があり、新たな資格

を与え、学び直しがより有意義な仕事に移ることを可能としている。

一方で、回答者の約三人に二人は、キャリアのどこかで失業を経験しているという。フィンランドの2019年10月現在の失業率は約6パーセント。不況や業績不振になると、あっけなく社員をレイオフ（一時的な解雇）する。減給や痛み分けでみんなで乗り切ろうというよりは、とりあえずスタッフをレイオフして乗り切るのだ。

そして業績が回復すると、信じられないほど簡単にレイオフした人たちを再雇用する。一時的ではなく、完全に解雇もしくは自主退職を促す場合も、もちろん再就職や学び直しを支援したり、一定期間の給料は保障したりするなどの措置《そち》はある。

「合理化、合理化で人員削減の機会は多いけれど、ハリウッド映画のように解雇を一方的に告げられて、箱に荷物をまとめて泣きながら会社を出るなんてことはないから、ましかもしれない。従業員の権利は守られているのが、まだ救いだし、フィンランドのいいところかな」と友人は言う。

学びは、ピンチを乗り切る最大の切り札

同調査によると、失業経験を持つ人の多くは失業期間が半年未満だったが、2年以上続いた人も4分の1いたという。失業が日本よりも身近なフィンランドでは、そのピンチを乗り切る最大の切り札として、学びがある。

ちなみに、雇用経済省が2018年に行った調査では、この1年の間に研修や勉強をしたという労働者数が、以前より増えている。日本にもあるように、雇用主が仕事関連のスキルや知識を高めるために提供するトレーニングや、一般的なソーシャルスキル、ウェルビーイング、安全衛生、ITスキルなどといった研修はフィンランドでも人気だ。雇用主が社員の研修や能力開発に力を入れることは、本人や企業にとってもメリットがあるが、社員のモチベーション向上や早期退職の防止になり、定年以降も、より長く継続して働く効果もあるそうだ。

それに加え自主学習、仲間や同僚たちと学び合うピア・ラーニング、実習など、学びの形は様々だ。フィンランド統計局によると、民間企業では仕事に関

する自習、遠隔・eラーニングがより一般的になっていて、従業員の38パーセントが将来の転職を見据えて勉強しているという。よりステップアップや自分の新たな可能性のために、受け身ではなく能動的に学びに取り組む様子がうかがえる。

将来を見据えてAIを学ぶ人も多い

世界一幸福度が高いと言われるフィンランドも、課題とは無縁ではない。少子高齢化、高い失業率、グローバリゼーション、都市化、そして気候変動と、急速な変化への対応が求められている。

もちろん技術開発やデジタル化も物凄いスピードで進んでいて、それは大きなチャンスをもたらしつつも、同時に、人々の不安感をあおってしまう時もある。AIや自動運転なども、好意的な報道がある一方で、それによって私たちの生活がどう変化するのか。仕事が奪われてしまうのでは？　機械に支配されてしまうのでは？　といった声が聞こえてくる。

そんな中、安心感やより良い未来への希望が抱けるようにするにはどうしたらいいのか。フィンランドではテクノロジーを脅威として捉えるのではなく、ポジティブに捉えようという気風がある。

その一つの例が、ヘルシンキ大学のＡＩオンライン講座だ。これは、ＡＩの基礎を、オンラインで、しかも英語で学べるもので、フィンランド人だけに向けたものではなく、世界の誰もが受けられるオープンな講座だ。しかも無料。いいものは積極的にシェアしようというフィンランドらしさが感じられる取り組みだ。

始まってすぐに2万人以上もの人が登録したそうで、若者から高齢者、失業者、学生、運転手、医師と様々な人たちが学んでいる。当初の国民の1パーセントにＡＩ教育をという目標はわずか数か月で達成され、今では１１０か国以上22万人を超える人たちが登録している。

また、数年前からプログラミングが小学校で必須になっているが、これもプログラマーを養成するというより、プログラミングを新常識と認め、皆が基礎を知ることで、より有利にテクノロジーと向き合うことができるというねらいがある。何よりも、正しい知識を得て相手を知ることで、むやみに恐れたり嫌悪することがなくなる。

さらに義務教育では、「何を学ぶか」よりも「どうやって学ぶか」を重視した教育に変わりつつあるが、これも先を見据えての改革だ。学習者自身でＡＩやプログラミングといったことを活用する方法や目的を見出すことが大切だと考えられている。

働き方はこれからどう変わるのか

では、少し先の２０３０年、２０４０年、働き方はどうなっているのだろうか。フィンランドの雇用経済省の未来予測レポートによると、今後、就労時間と働き方、労働条件は各個人によってかなり違ったものになるという。

その理由はこうだ。ＩＴ技術の発展によって、仕事のやり方や中身が変化する。新しいことを学び、自己を管理し、批判的に考えるスキルが求められる一方で、現在あるスキルの多くは必要性が減少するという。

そして、価値観やライフスタイルも多様化する。高齢化が進み、労働人口が減少し、移民を受け入れるだけでカバーできるものではなくなる。そうすると、企業は人材確保や生産性向上のためにも、より一人ひとりに合わせた条件を提示する必要がある。

同じように、ＶＴＴフィンランド技術研究センターも、組織の在り方は、場所や集団よりも「個」に焦点をよりあてたものに、近い将来変わっていくだろうと言う。だからこそ、経済的な部分だけでなく、雇う側も働く側もワーキングライフ（仕事＋人生）を考える必要性がある。

ヘルシンキがワークライフバランス世界１位

こういった将来も考慮して、フィンランドの雇用経済省は様々な産業団体、労働組合、組織などと手を携《たずさ》えて、２０１３年に「ワーキングライフ２０２０」というプロジェクトを立ち上げた。この大きな目標は２０２０年までにフィンランドでのワーキングライフを「欧州一」にすることだった。それによって、フィンランドの競争力を高め、新しい雇用を生み出し、機能的で収益性の高い職場にするねらいだ。

このプロジェクト自体は2019年現在、終了しているが、ワークライフバランスでヘルシンキ市が世界トップになり、全体的なウェルビーイングの向上など、将来に備えた基礎はある程度築けたようである。

そして現政権が2019年6月に発表した今後4年間の目標には、欧州一どころか、世界一のワーキングライフを目指すと書かれている。全ての個人の知識とスキルが有効に活用され、ウェルビーイングの整った働き方、有能な専門家を有する国になることが、フィンランドの競争力を高めると考えているからだ。

課題を冷静に見て努力することも忘れない

フィンランドのどんなところが好きかとフィンランド人に聞くと、美しい自然、安心・安全・安定、福祉国家で最低限の生活が保障されていること、機会の平等といった言葉が出てくる。

貧困は全くないわけではなく、住んでいる人たちからすると「最近格差が広がっているのでは」と感じる部分はあるようだ。それでも、たとえ失業中でも住むところがあり、教育の機会が平等にあることで、本人の努力や周りの支えを得て貧困から抜け出すことも可能だし、自分の実力で勝負することができる。

実際、私の友人にも何人かひとり親がいるが、長年失業中であっても、普通の暮らしをし、子どもたちは自分の部屋を持ち、習い事もできている。他にも夫婦共に学生生活をしている友人や、正社員でなく契約で働く友人がいるが、質素でも広いアパートに住み、ある程度普通の生活を送っているし、子どもたちに貧困の影はあまり見られない。

それでもフィンランド人は「フィンランド国内にいると、課題ばかりで柔軟性も足りていないように思うのよね」と批判の目も忘れていない。幸せな国という調査結果が出ていても、それに甘んじることなく、課題を冷静に見つめている。課題を解消していくために様々な試行錯誤をしたり、努力もしている。それは仕事や生活においても同じだ。フィンランドは労働者の権利が法律などで守られているが、労働者自身も、自分の望む職場や環境づくりに積極的に関わっている。「フィンランドの仕事の風土は、とにかく交渉や話し合いをベースにしている。雇用主は、従業員に一方的に通告することはできないし、従業員も自分の希望や意見を伝えることができる」と働く友人たちは言う。

フィンランド人はよくシャイだと言うが、率直な相互のコミュニケーションも大切にし、公正なルールに基づいて、信頼と合意のある関係を作っている様子がうかがえる。

安定した生活基盤があって、ウェルビーイングや信頼、オープンな関係性を大切にするフィンランド。いつも冷静な目で見つめて改善するための努力を惜しまない一方、シンプルな暮らしと自分を大切にすることも忘れない。一人ひとりが自分の生き方や働き方を考え、それを自分も、周りも認めて、できるだけ配慮することが、幸せや持続可能な未来を創っていくと感じる。

仕事も人生も大切にする

以前、日本に出張中のフィンランド人に言われて、忘れられない言葉がある。

「コップに砂をいっぱいに入れて指を突っ込んでみて。指を抜いたらどうなる？　穴ができるのは一瞬。あっという間に穴が埋まってしまう。それは組織と同じなんだよ。自分が抜けても、必ず周りがその穴を埋めてくれる。だから安心して抜けていいんだよ」。

それは、長時間働く日本人を見て、漏らした言葉だったと思う。当時、聞いていてなんて冷めた見方なのだろうとも思ったが、妙に「なるほど」と納得した部分もあった。

人間は誰でも唯一無二の頼れる存在になりたいと頑張っている部分がある。特に仕事で自分の存在感を高めたいという気持ちは、国や仕事の内容に関わらずあるだろう。だからこそフィンランド人も勉強を続けてステップアップの努力をしている。だが一方で、この言葉のようにどこか冷静に組織や自分を見ている部分もある。

会社や国がワーキングライフを重視し、一人ひとりを考える時代になってきた今、働く側も自分自身の生き方を大切にする時代が来ている。自分を大切にすることは、決して仕事をないがしろにしているわけではない。

いろいろなプレッシャーやストレスのある今だからこそ、全てから解き放たれて自分の時間を大切にしたり、家族や友人たちと過ごしたりして充電する。それがまた活力となったり、新たなインスピレーションをもたらしたりもする。

日本とフィンランドはもちろん人口規模も制度も文化も違う。ただ、人々の日々の営みや、幸せ、人生の価値観はそれほど大きく違うものではないだろう。できれば、仕事も人生も充実させたいという気持ちは誰しも心の奥底に感じているはずだ。ただ、フィンランドはその欲求を正直に他の人とオープンに語ることが許され、その分、相手の欲求も許容する寛容さがある。

働くことはいろいろな意味で人生の大きな部分を占めているが、会社にいる時間や実質の仕事の時間だけでなく、生活全体や生き方全体を自ら考えること、そして自分の希望を率直に語れる空気を作り、お互いへの寛容さを持つことが大切だと感じる。

日本も現在働き方改革の議論が進んでいて、大きな転換期が来ている。法律や制度を変えるのには、時間がかかることも多いが、まずは自分の生活を振り返ることや意識を少し変えること、一人ひとりが寛容さを持つことはできる。この本で紹介したようなフィンランドの例が少しでもそのきっかけとなればいい。

仕事もプライベートも大切にしてこそ、幸せな働き方ができ、幸せに生きていけると信じている。

おわりに

幸せとは何か考える。ランキングで1位だからフィンランドが幸せで、日本はそうでないのか。いや、それは違う。

フィンランドを幸せというキーワードで紹介すると、必ずフィンランド人は「そんなに夢の世界ではないし、ゆとりのある生活をしているわけじゃないよ」とか「私たちの慌ただしい日々や、もがき苦しんでいることも伝えてね」とコメントしてくる。確かに、学生時代に多くの時間を共にしたフィンランド人の友人たちは、現在、仕事にプライベートに大忙しだ。決して、常に悠々自適に暮らしているわけではない。結婚、離婚、再婚、転職、出産、子育て、親の高齢化、様々なライフイベントを経験し、その都度、日本の友人たちとも大きく変わらない悩みも抱える。

それでも、幸福度ランキング1位というのは、私にとって納得いくものだ。どんなに忙しくとも家族やプライベートに費やす時間がある。美しい自然と触れ合う機会も時間もある。経済状況に大きく左右されることなく、学びたい人が学びたい時に学べる。ウェルビーイングを考え、「休む」ことができる。生まれ育った環境にかかわらず、研究者や政治家、医師など望む職業につくことができる。

ちょうどこれを書いている今も、34歳の女性首相サンナ・マリンが誕生し、連立政権の他の党首に30代前半の女性が多くいることが世界で話題になっている。性別や年齢にこだわらず、公平に能力を評価するフィンランドらしい出来事だ。

特に首相になったサンナ・マリンは貧しい家庭に生まれ、母親と同性パートナーに育てられ、様々なアルバイトを経験しながら大学まで勉強を続けた。政治家としては、20代で市会議員、市議会議長を務め、30歳で国会に当選。産休を経たのちに大臣、首相と着実に政治家としてキャリアを積みながらもプライベートを大切にしている。皆が平等に教育を受けて力を発揮する機会があり、周囲に公平な評価を受け、仕事と家庭の両立が目指せるフィンランドの良さを象徴していて、希望や夢を与えてくれる。

今回のニュースにしても、働き方にしても、フィンランドの話を聞いて「羨ましすぎる」「日本はダメだ……」といった声がよく聞こえてくるが、それだけで済ませてしまっていいのかと、思うところがある。

私自身は日本で現地職員として、日本の法律や制度に準じた枠組みの中で、フィンランド的な働き方をしている。普段はそれが当たり前すぎて意識しておらず、どうしても小さな不満に目がいってしまうが、日本の友人たちと話していると柔軟で、一人ひとりが大切にされる環境にいる自分は、恵まれていると感じる。

だからこそ、次の世代のためにもっと暮らしやすく、夢の持てる社会になってほしいと強く思うし、それを私たちが作っていく必要があるのではないだろうか。簡単に「日本は違うから」と諦めてほしくはないし、今の私自身がそうであるように、日本の枠組みの中でも全体の意識が変わることで実現できることはたくさんあると信じている。

かつて、私がフィンランドを見て、「こんなやり方や、こんな暮らし方があるのか」と視野が広がったように、皆さんにとってもこの本が何かを考え、生活を見直すきっかけとなることを願っている。

この本には、これまで私が出会ってきた何百、何千ものフィンランド人から聞いた言葉や、経験が詰まっている。私がフィンランドで一番何を学び、何を得意分野としているのかと聞かれれば、その答えは「人」なのかもしれない。

共に暮らしたルームメートや、毎日のようにコーヒーを飲みながら語り合った近所の友人たちは、今でも頻繁に連絡をとるかけがえのない友だ。大学の紹介で知り合った家族は私の第二の家族としていつも心の中にあり、親せきの行事にも声をかけてくれる。私をもう一人の娘だと言い、気にかけてくれている友人のご両親、今でも励まし続けてくれている教授や大学職員、姉妹のようにかわいがってくれている元同僚や友人の子どもたち。趣味を通じて知り合った年齢も住んでいるところも様々な友人たち。多くの人の暮らしや生き方を見て、たくさんの刺激と学びを得てきたし、それは今後も続いていくだろう。

最後に、いつも多くの学びを与えてくれるフィンランドの友人たち、この本にたずさわった編集の近藤純さんとポプラ社の皆さん、現在の職場の仲間たち、そして全ての縁と協力に感謝します。キートス！

2019年12月

堀内都喜子